ESPACES
Rendez-vous avec le monde francophone

Cherie Mitschke
Southwestern University

Cheryl Tano
Emmanuel College and Tufts University

Valérie Thiers-Thiam
Borough of Manhattan Community College

VISTA
HIGHER LEARNING

Boston, Massachusetts

Vista Higher Learning
31 St. James Avenue.
Boston, MA 02116-4104

TOLL FREE: 800-618-7375
TELEPHONE: 617-426-4910
FAX: 617-426-5209

www.vistahigherlearning.com

Copyright © 2006 by Vista Higher Learning

All rights reserved. Printed in the United States of America.

This publication is protected by Copyright and permission should be obtained from the publisher prior to any prohibited reproduction, storage in a retrieval system, or transmission in any form or by any means, electronic, mechanical, photocopying, recording, or otherwise.

ESPACES
Rendez-vous avec le monde francophone

Boston, Massachusetts

ESPACES

Rendez-vous avec le monde francophone

A brand new introductory French program from Vista Higher Learning

Distinctive integration of video

Shot in France, the **ESPACES** video provides three hours of specially-shot, program-specific video. Integrated up-front in each lesson of the student text, a dramatic episode reinforces the lesson's vocabulary and previews its grammatical points in an appealing, comprehensible way. At the end of each unit, the **Flash culture** segments, hosted by the **ESPACES** narrators, enrich students' cultural knowledge through a wide array of images, all related to the unit's theme.

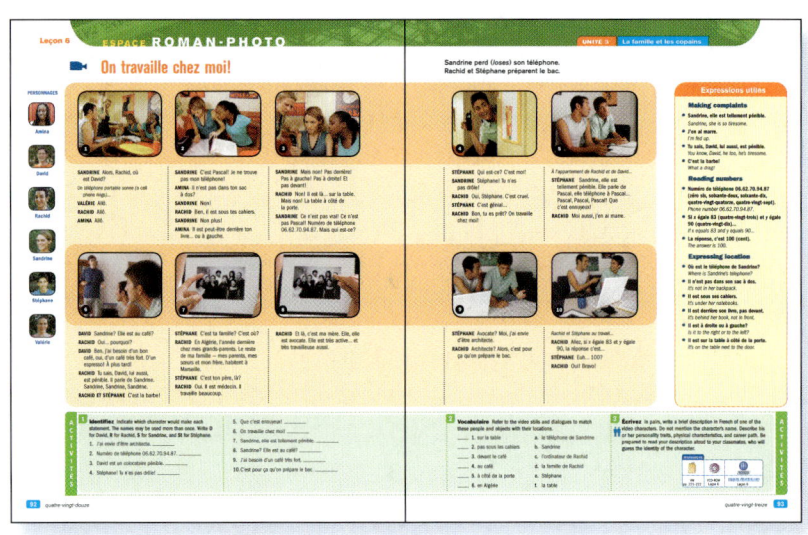

Unique, user-friendly design

ESPACES enhances learning with its one-of-a-kind, easy-to-navigate design built around color-coded sections that fit either completely on one page or on spreads of two facing pages. To further motivate and support students, the textbook pages are visually dramatic, and **ressources** boxes correlate all program ancillaries on-page, right down to the page numbers.

Rich, contemporary cultural presentation

In each lesson of **ESPACES**, a vibrant **Espace culture** section brings to life the everyday life, language, accomplishments, and traditions of French speakers as they relate to the lesson's theme. At the end of each unit, an eye-catching **Panorama** section introduces students to the countries and regions of the French-speaking world.

Exciting integration of culture and multimedia

Throughout **ESPACES**, three textbook sections are specially linked to high-interest multimedia delivered on the **ESPACES** super web site. Students enrich their cultural awareness by researching a task-based project in **Projet**, watching an authentic television clip in **Le zapping**, and listening to a song in **Interlude**.

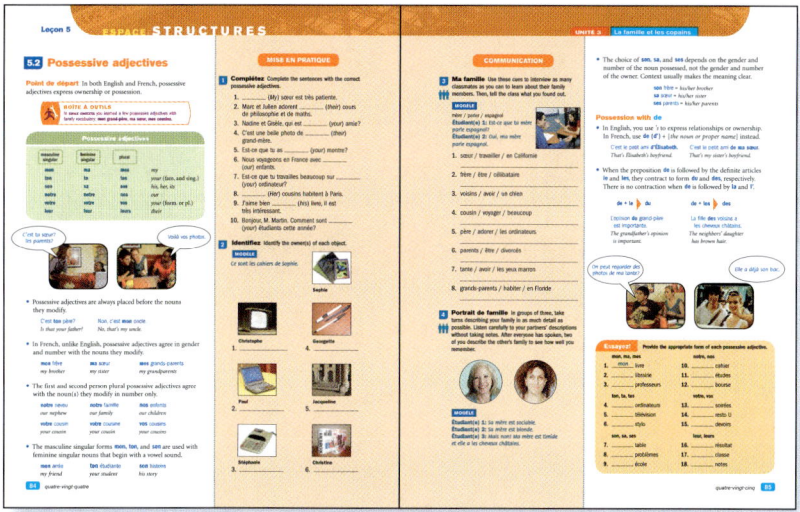

The basics of grammar in an innovative format

ESPACES facilitates the learning of grammar by presenting each point on one self-contained two-page spread. Grammar explanations in the outside panels offer convenient on-demand support for the directed **Mise en pratique** exercises and open-ended **Communication** activities in the central, inside panels.

Practical, high-frequency vocabulary

In each lesson, **ESPACES** introduces high-frequency vocabulary through expansive, full-color illustrations and reinforces it with two sets of activities: directed **Mise en pratique** exercises and open-ended **Communication** practice.

Process approach to skill building

At the end of each unit in **Lecture**, **À l'écoute**, and **Écriture** sections, **ESPACES** carefully develops reading, listening, and writing skills, incorporating learning strategies and a process approach.

Focus on communication throughout

ESPACES incorporates communicative activities throughout each lesson and in cumulative **Synthèse** sections that recombine the language of the corresponding lessons with that of preceding lessons.

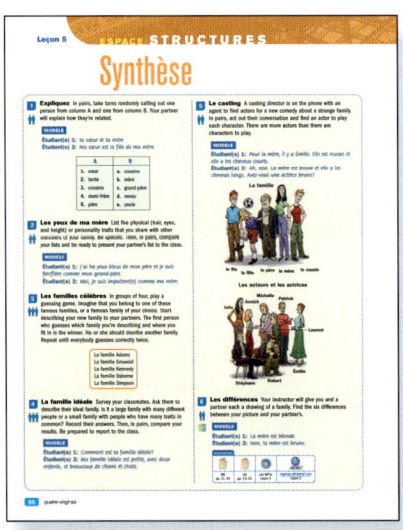
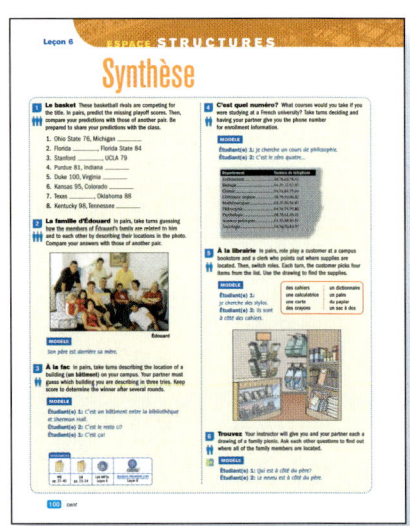

The ESPACES Program

Student Ancillaries

- Student Text
- Workbook/Video Manual
- Laboratory Manual
- Textbook MP3s CD-ROM*
- Laboratory Program MP3s
- **ESPACES** Video CD-ROM*
- espaces.vhlcentral.com super web site access code*
- Web-SAM (electronic Workbook/Video Manual/Lab Manual)

*Free with the purchase of a new Student Text

Instructor Ancillaries

- Instructor's Annotated Edition
- WB/VM/LM Answer Key**
- **ESPACES** Video on DVD
- Instructors' Resource CD-ROM
- Song Collection CD
- Overhead Transparencies**
- Instructor's Resource Manual**
- Testing Program MP3s**
- Testing Program in Ready-to-Print Format**
- Testing Program in Microsoft Word™ Files**
- WebLinks for Blackboard and WebCT**
- Test Generator**
- espaces.vhlcentral.com super web site access code

**On the Instructor's Resource CD-ROM

On the password-protected **ESPACES** super web site at espaces.vhlcentral.com, students and instructors can engage in highly interactive activities for each section of the student text, take advantage of extra-practice opportunities and enrichment tools, and access <u>all</u> of the program's media components.

TABLE OF CONTENTS

		espace contextes	espace roman-photo
Unité 1 **Salut!**	Leçon 1	**Contextes** Ça va?...........2 **Les sons et les lettres** The French alphabet........5	Au café...................6
	Leçon 2	**Contextes** En classe..............16 **Les sons et les lettres** Silent letters............19	Les copains.............20
Unité 2 **À la fac**	Leçon 3	**Contextes** Les cours.............38 **Les sons et les lettres** Liaisons..............41	Trop de devoirs!..........42
	Leçon 4	**Contextes** Une semaine à la fac......52 **Les sons et les lettres** The letter **r**.............55	On trouve une solution......56
Unité 3 **La famille et les copains**	Leçon 5	**Contextes** La famille de Marie Laval....74 **Les sons et les lettres** **L'accent aigu** and **l'accent grave**.........77	L'album de photos.........78
	Leçon 6	**Contextes** Comment sont-ils?........88 **Les sons et les lettres** **L'accent circonflexe,** **la cédille,** and **le tréma**.....91	On travaille chez moi!......92
Unité 4 **Au café**	Leçon 7	**Contextes** Où allons-nous?.........110 **Les sons et les lettres** Oral vowels............113	Star du cinéma..........114
	Leçon 8	**Contextes** J'ai faim!.............128 **Les sons et les lettres** Nasal vowels...........131	L'heure du déjeuner.......128

espace culture	espace structures	savoir-faire
Culture à la loupe La poignée de main ou la bise? .8 **Portrait** Aix-en-Provence – ville d'eau, ville d'art. 9	1.1 Nouns and articles. . . . . . .10 1.2 Numbers 0–60 . . . . .12 **Le zapping**. 15	**Panorama:** *Le monde francophone*. . . . .30 **Lecture:** *Un carnet d'adresses*. .32 À l'écoute . . . . .34 Écriture. 35
Culture à la loupe Qu'est-ce qu'un Français typique? . . . . .22 **Portrait** Superdupont 23	2.1 The verb **être**. . . . . .24 2.2 Adjective agreement. . . . . .26 **Projet** 29	
Culture à la loupe À l'université. . . . . .44 **Portrait** La Sorbonne 45	3.1 Present tense of regular **–er** verbs . . . . . .46 3.2 Forming questions and expressing negation. . . . . .48 **Interlude** 51	**Panorama:** *La France* . . . . .66 **Lecture:** *École de français (pour étrangers) de Lille* . . . . .68 À l'écoute . . . . .70 Écriture. 71
Culture à la loupe Les cours universitaires. . . . .58 **Portrait** Le bac 59	4.1 The verb **avoir** . . . . .60 4.2 Telling time . . . . .62 **Le zapping**. 65	
Culture à la loupe La famille française. . . . . . . .80 **Portrait** Jacques Chirac, président et père. 81	5.1 Descriptive adjectives. . . . .82 5.2 Possessive adjectives . . . .84 **Projet** 87	**Panorama:** *Paris*. . . . . .102 **Lecture:** *Fido en famille* . . . .104 À l'écoute . . . . .106 Écriture. 107
Culture à la loupe L'amitié . . . . .94 **Portrait** Les Depardieu. 95	6.1 Numbers 61–100 . . . . . . .96 6.2 Prepositions of location . . .98 **Interlude** 101	
Culture à la loupe Les passe-temps des jeunes Français. . . . . .116 **Portrait** Le parc Astérix 117	7.1 The verb **aller** . . . . .118 7.2 Interrogative words. . . . . .120 **Le zapping**. 123	**Panorama:** *La Normandie et la Bretagne* . . . . .138 **Lecture:** *Cybercafé Le Connecté* . . . . .140 À l'écoute . . . . .142 Écriture 143
Culture à la loupe Le café. . . . . .130 **Portrait** Les cafés célèbres de Saint-Germain-des-Prés 131	8.1 The verbs **prendre** and **boire** . . . . .132 8.2 Partitives . . . . .134 **Projet** 137	

TABLE OF CONTENTS

	espace contextes	espace roman-photo
Unité 5 **Les loisirs** Leçon 9	**Contextes** Le temps libre............146 **Les sons et les lettres** Intonation.............149	Au parc................150
Leçon 10	**Contextes** Quel temps fait-il?........160 **Les sons et les lettres** Open vs. closed vowels: Part 1................163	Quel temps!.............164
Unité 6 **Les fêtes** Leçon 11	**Contextes** Surprise!...............182 **Les sons et les lettres** Open vs. closed vowels: Part 2................185	Les cadeaux............186
Leçon 12	**Contextes** Très chic!..............196 **Les sons et les lettres** Open vs. closed vowels: Part 3................199	L'anniversaire...........200
Unité 7 **En vacances** Leçon 13	**Contextes** Bon voyage!............218 **Les sons et les lettres** ch, qu, ph, th, and gn.....221	De retour au P'tit Bistrot....222
Leçon 14	**Contextes** À l'hôtel...............232 **Les sons et les lettres** ti and ssi.............235	La réservation d'hôtel......236
Unité 8 **Chez nous** Leçon 15	**Contextes** La maison..............254 **Les sons et les lettres** s and ss..............257	La visite surprise..........258
Leçon 16	**Contextes** Les tâches ménagères....268 **Les sons et les lettres** Semi-vowels...........271	La vie sans Pascal........272

espace culture	espace structures	savoir-faire
Culture à la loupe Les Français et le football... 152 **Portrait** Zinédine Zidane et Laura Flessel... 153	9.1 The verb **faire**... 154 9.2 Irregular **–ir** verbs... 156 **Interlude**... 159	**Panorama:** *Les Pays de la Loire et le Centre*... 174 **Lecture:** *Cette semaine à Montréal et dans la région*... 176 **À l'écoute**... 178 **Écriture**... 179
Culture à la loupe Les jardins publics français... 166 **Portrait** Les Français et le vélo... 167	10.1 Numbers 101 and higher... 168 10.2 Spelling change **–er** verbs... 170 **Le zapping**... 173	
Culture à la loupe Le carnaval... 188 **Portrait** Le 14 juillet... 189	11.1 Demonstrative adjectives... 190 11.2 The **passé composé** with **avoir**... 192 **Projet**... 195	**Panorama:** *Aquitaine, Midi-Pyrénées et Languedoc-Roussillon*... 210 **Lecture:** *Ça y est, c'est officiel!*... 212 **À l'écoute**... 214 **Écriture**... 215
Culture à la loupe La mode en France... 202 **Portrait** Coco Chanel, styliste parisienne... 203	12.1 Indirect object pronouns... 204 12.2 Regular and irregular **–re** verbs... 206 **Interlude**... 209	
Culture à la loupe Tahiti... 224 **Portrait** Le musée d'Orsay... 225	13.1 The **passé composé** with **être**... 226 13.2 Direct object pronouns... 228 **Le zapping**... 231	**Panorama:** *Provence-Alpes-Côte d'Azur*... 246 **Lecture:** *Tour de Corse*... 248 **À l'écoute**... 250 **Écriture**... 251
Culture à la loupe Les vacances des Français... 238 **Portrait** Les Alpes et le ski... 239	14.1 Regular **-ir** verbs... 240 14.2 The **impératif**... 242 **Projet**... 245	
Culture à la loupe Le logement en France... 260 **Portrait** Le Château Frontenac... 261	15.1 Adverbs... 262 15.2 The **imparfait**... 264 **Interlude**... 267	**Panorama:** *L'Alsace et la Lorraine*... 282 **Lecture:** *À visiter près de Paris: Le château de Versailles*... 284 **À l'écoute**... 286 **Écriture**... 287
Culture à la loupe L'intérieur des logements français... 274 **Portrait** Philippe Starck... 275	16.1 The **passé composé** vs. The **imparfait**... 276 16.2 The verbs **savoir** and **connaître**... 278 **Le zapping**... 281	

TABLE OF CONTENTS

	espace contextes	espace roman-photo

Unité 9
La nourriture

Leçon 17
- **Contextes**
  - Quel appétit!......290
- **Les sons et les lettres**
  - **e caduc** and **e muet**......293
- Au supermarché......294

Leçon 18
- **Contextes**
  - À table!......304
- **Les sons et les lettres**
  - Stress and rhythm......307
- Le dîner......308

Unité 10
La santé

Leçon 19
- **Contextes**
  - La routine quotidienne......326
- **Les sons et les lettres**
  - Diacriticals for meaning......329
- Drôle de surprise......330

Leçon 20
- **Contextes**
  - J'ai mal!......340
- **Les sons et les lettres**
  - **p**, **t**, and **c**......343
- L'accident......344

Unité 11
La technologie

Leçon 21
- **Contextes**
  - Les télécommunications......362
- **Les sons et les lettres**
  - Final consonants......365
- C'est qui, Cyberhomme?......366

Leçon 22
- **Contextes**
  - En voiture!......376
- **Les sons et les lettres**
  - The letter **x**......379
- La panne......380

Unité 12
En ville

Leçon 23
- **Contextes**
  - Les courses......398
- **Les sons et les lettres**
  - The letter **h**......401
- On fait des courses......402

Leçon 24
- **Contextes**
  - Où se trouve...?......412
- **Les sons et les lettres**
  - Les majuscules et les minuscules......415
- Les directions......416

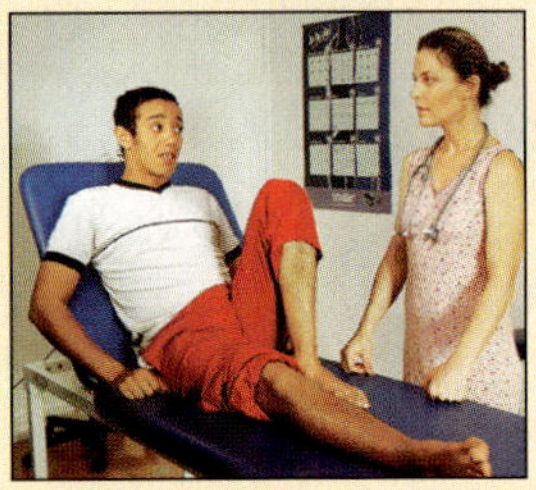

espace culture	espace structures	savoir-faire
Culture à la loupe Faire des courses en France . . . . 296 **Portrait** Les fromages français 297	17.1 The verb **venir** and the **passé récent** . . . . 298 17.2 The verbs **devoir**, **vouloir**, **pouvoir** . . . . 300 **Projet** 303	**Panorama:** *La Bourgogne et la Franche-Comté* . . . . 318 **Lecture:** *Chez Michel* . . . . 320 À l'écoute . . . . 322 Écriture 323
Culture à la loupe Les repas en France . . . . . . 310 **Portrait** La couscousmania des Français 311	18.1 Comparatives and superlatives of adjectives and adverbs . . . . 312 18.2 Double object pronouns . 314 **Interlude** 317	
Culture à la loupe Les Français et la maladie . . 332 **Portrait** L'Occitane 333	19.1 Reflexive verbs . . . . 334 19.2 Reflexives: **Sens idiomatique** . . . . 336 **Le zapping** 339	**Panorama:** *La Suisse* . . . . 354 **Lecture:** *Non à la fatigue!* . . . . 356 À l'écoute . . . . 358 Écriture 359
Culture à la loupe La sécurité sociale en bref. . 346 **Portrait** L'hôtel des Invalides 347	20.1 The **passé composé** of reflexive verbs . . . . 348 20.2 The pronouns **y** and **en** . . 350 **Projet** 353	
Culture à la loupe La technologie et les Français . . . . 368 **Portrait** La fusée Ariane 369	21.1 Prepositions with the infinitive . . . . 370 21.2 Reciprocal reflexives . . . 372 **Interlude** 375	**Panorama:** *La Belgique* . . . . . . 390 **Lecture:** *Les technoblagues* . . . 392 À l'écoute . . . . 394 Écriture 396
Culture à la loupe Les voitures françaises . . . . 382 **Portrait** Le constructeur automobile Citroën 383	22.1 The verbs **ouvrir** and **offrir** . . . . 384 22.2 Relative pronouns **qui, que, dont, où** . . . . 386 **Le zapping** 389	
Culture à la loupe Les moyens de paiement en France . . . . 404 **Portrait** Le «Spiderman» français . . . 405	23.1 The verbs **recevoir** and **apercevoir** . . . . 406 23.2 Negative/affirmative expressions . . . . 408 **Projet** 411	**Panorama:** *Le Québec* . . . . . . 426 **Lecture:** *Le jeu d'Hector de Saint-Denys Garneau* . . . . . 428 À l'écoute . . . . 430 Écriture 431
Culture à la loupe Les villes françaises . . . . . . 418 **Portrait** Le baron Haussmann 419	24.1 **Le futur simple** . . . . 420 24.2 Irregular future forms . . . 422 **Interlude** 425	

TABLE OF CONTENTS

		espace contextes	espace roman-photo
Unité 13 **L'avenir et les métiers**	**Leçon 25**	**Contextes** Au bureau . . . . 434 **Les sons et les lettres** La ponctuation française . . . 437	Le bac 438
	Leçon 26	**Contextes** Les professions . . . . 448 **Les sons et les lettres** Les néologismes et le franglais 451	Je démissionne! 452
Unité 14 **L'espace vert**	**Leçon 27**	**Contextes** Sauvons la planète! . . . . 470 **Les sons et les lettres** French and English spelling . 473	Une idée de génie 474
	Leçon 28	**Contextes** En pleine nature . . . . 484 **Les sons et les lettres** Homophones 487	La randonnée 488
Unité 15 **Les arts**	**Leçon 29**	**Contextes** Que le spectacle commence! 506 **Les sons et les lettres** Les liaisons obligatoires et interdites 509	Après le concert 510
	Leçon 30	**Contextes** Le chef-d'œuvre . . . . 520 **Les sons et les lettres** Les abréviations et les sigles 523	Au revoir, David! 524

Appendice

Appendice A
Maps of the French-speaking World

Appendice B
French terms for Direction Lines and Classroom Use

Appendice C
Glossary of Grammatical Terms

Appendice D
Verb Conjugation Tables

espace culture	espace structures	savoir-faire
Culture à la loupe Le téléphone en France .... 440 **Portrait** Les artisans 441	25.1 **Le futur** with **quand, dès que,** etc. ...... 442 25.2 Interrogative pronouns **lequel, laquelle,** etc. ..... 444 **Le zapping**. 447	**Panorama:** *L'Afrique du Nord*. . 462 **Lecture:** *La cigale et la fourmi* de Jean de La Fontaine ..... 464 À l'écoute .... 466 Écriture 467
Culture à la loupe Les syndicats et les grèves . . 454 **Portrait** Les fonctionnaires 455	26.1 **Le conditionnel** .... 456 26.2 Irregular conditional forms. .... 458 **Projet** 461	
Culture à la loupe L'écologie .... 476 **Portrait** L'énergie nucléaire 477	27.1 Demonstrative pronouns **celui,** etc.. ...... 478 27.2 The subjunctive, Part 1 . . 480 **Interlude** 483	**Panorama:** *L'Afrique de l'ouest et l'Afrique centrale* .... 498 **Lecture:** *Le Petit Prince* d'Antoine de Saint-Exupéry . . 500 À l'écoute .... 502 Écriture 503
Culture à la loupe Les parcs nationaux en France .... 490 **Portrait** Madagascar 491	28.1 The subjunctive, Part 2. . 492 28.2 Comparatives and superlatives of nouns ..... 494 **Le zapping**. 497	
Culture à la loupe Le théâtre, un art vivant et populaire . . . 512 **Portrait** Molière 513	29.1 The verbs **voir** and **croire** .... 514 29.2 The subjunctive, Part 3 . . 516 **Projet** 519	**Panorama:** *Les Antilles et la Polynésie française* ...... 534 **Lecture:** *Note à mes lecteurs* de Mariama Mbengue Ndoy . 536 À l'écoute .... 538 Écriture 539
Culture à la loupe La peinture antillaise ...... 526 **Portrait** Le Cirque du Soleil 527	30.1 The subjunctive, Part 4. . 528 30.2 Review of the subjunctive .... 530 **Interlude** 533	

Vocabulaire
French–English
English–French

Index

Credits

Bios
About the Authors
About the Illustrators

La famille et les copains

UNITÉ 3

Leçon 5

ESPACE CONTEXTES
pages 74–77
- Family, friends, and pets
- **L'accent aigu** and **l'accent grave**

ESPACE ROMAN-PHOTO
pages 78–79
- **L'album de photos**

ESPACE CULTURE
pages 80–81
- Families in the francophone world

ESPACE STRUCTURES
pages 82–87
- Descriptive adjectives
- Possessive adjectives
- **Synthèse**
- **Projet**

Leçon 6

ESPACE CONTEXTES
pages 88–91
- More descriptive adjectives
- Professions and occupations
- **L'accent circonflexe, la cédille,** and **le tréma**

ESPACE ROMAN-PHOTO
pages 92–93
- **On travaille chez moi!**

ESPACE CULTURE
pages 94–95
- Relationships in the francophone world

ESPACE STRUCTURES
pages 96–101
- Numbers 61–100
- Prepositions of location
- **Synthèse**
- **Interlude**

Pour commencer
- Combien de personnes y a-t-il?
- Sont-ils dans un café?
- Mangent-ils? Parlent-ils?
- Ont-ils l'air agréable ou désagréable?
- Aiment-ils les ordinateurs?

Savoir-faire
pages 102–107
Panorama: Paris
Lecture: Read a short article about pets.
À l'écoute: Listen to a conversation between friends.
Écriture: Write a letter to a friend.
Flash culture: Watch cultural footage about families and friends.

ESPACE CONTEXTES

Leçon 5

You will learn how to...
- discuss family, friends and pets
- express ownership

La famille de Marie Laval

Luc Garneau
mon grand-père (*my grandfather*)

Sophie Garneau — Marc Garneau

ma tante (*aunt*), femme (*wife*) de Marc

mon oncle (*uncle*), fils (*son*) de Luc et d'Hélène

Jean Garneau — Isabelle Garneau — Virginie Garneau

mon cousin, petit-fils (*grandson*) de Luc et d'Hélène

ma cousine, sœur (*sister*) de Jean et de Virginie, petite-fille (*granddaughter*) de Luc et d'Hélène

ma cousine, sœur de Jean et d'Isabelle, petite-fille de Luc et d'Hélène

Bambou
le chien (*dog*) de mes (*my*) cousins

Vocabulaire

divorcer	to divorce
épouser	to marry
aîné(e)	elder
cadet(te)	younger
un beau-frère	brother-in-law
un beau-père	father-in-law; stepfather
une belle-mère	mother-in-law; stepmother
un demi-frère	half-brother; stepbrother
une demi-sœur	half-sister; stepsister
les enfants	children
un(e) époux/épouse	husband/wife
une famille	family
une femme	wife; woman
une fille	daughter; girl
les grands-parents	grandparents
les parents	parents
un(e) voisin(e)	neighbor
un chat	cat
un oiseau	bird
un poisson	fish
célibataire	single
divorcé(e)	divorced
fiancé(e)	engaged
marié(e)	married
séparé(e)	separated
veuf/veuve	widowed

ressources

WB pp. 29–30 | LM p. 17 | Text MP3s Leçon 5 | Lab MP3s Leçon 5 | espaces.vhlcentral.com Leçon 5

UNITÉ 3 La famille et les copains

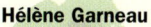
Hélène Garneau

ma grand-mère
(*my grandmother*)

Juliette Laval   Robert Laval

ma mère (*mother*),   mon père (*father*),
fille (*daughter*) de   mari (*husband*)
Luc et d'Hélène   de Juliette

Véronique Laval   Guillaume Laval   Marie Laval

ma belle-sœur   mon frère   Marie Laval,
(*sister-in-law*)   (*brother*)   fille de Juliette
                                et de Robert

Matthieu Laval   Émilie Laval

mon neveu (*nephew*)   ma nièce (*niece*)

petits-enfants (*grandchildren*)
de mes parents

Mise en pratique

1 **Écoutez** 🎧 Listen to each statement made by Marie Laval, then indicate whether it is **vrai** or **faux**, based on her family tree.

	Vrai	Faux		Vrai	Faux
1.	☐	☐	6.	☐	☐
2.	☐	☐	7.	☐	☐
3.	☐	☐	8.	☐	☐
4.	☐	☐	9.	☐	☐
5.	☐	☐	10.	☐	☐

2 **Qui est-ce?** Match the definition in the first list with the correct item from the second list. Not all the items will be used.

1. ____ le frère de ma cousine
2. ____ le père de mon cousin
3. ____ le mari de ma grand-mère
4. ____ le fils de mon frère
5. ____ la fille de mon grand-père
6. ____ le fils de ma mère
7. ____ la fille de mon fils
8. ____ le fils de ma belle-mère

a. mon grand-père   f. mon demi-frère
b. ma sœur   g. mon oncle
c. ma tante   h. ma petite-fille
d. mon cousin   i. mon frère
e. mon neveu

3 **Choisissez** Fill in the blank by selecting the most appropriate answer.

1. Voici le frère de mon père. C'est mon _____ (oncle, neveu, fiancé).
2. Voici la mère de ma cousine. C'est ma _____ (grand-mère, voisine, tante).
3. Voici la petite-fille de ma grand-mère. C'est ma _____ (cousine, nièce, épouse).
4. Voici le père de ma mère. C'est mon _____ (grand-père, oncle, cousin).
5. Voici le fils de mon père, mais ce n'est pas le fils de ma mère. C'est mon _____ (petit-fils, demi-frère, voisin).
6. Voici ma nièce. C'est la _____ (cousine, fille, petite-fille) de ma mère.
7. Voici la mère de ma tante. C'est ma _____ (cousine, grand-mère, nièce).
8. Voici la sœur de mon oncle. C'est ma _____ (tante, belle-mère, belle-sœur).
9. Voici la fille de mon père, mais pas de ma mère. C'est ma _____ (belle-sœur, demi-sœur, sœur).
10. Voici le mari de ma mère, mais ce n'est pas mon père. C'est mon _____ (beau-frère, grand-père, beau-père).

soixante-quinze

Leçon 5 ESPACE CONTEXTES

Communication

4 **L'arbre généalogique** With a classmate, identify the members of the family by asking questions about how each member is related to Anne Durand.

> **MODÈLE**
> Étudiant(e) 1: *Qui est Louis Durand?*
> Étudiant(e) 2: *C'est le grand-père d'Anne.*

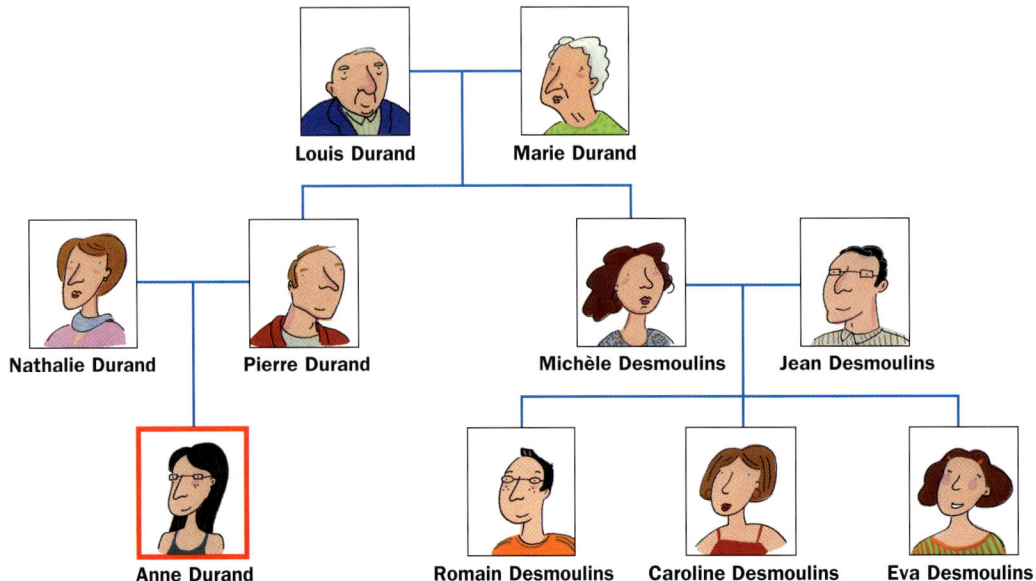

5 **Entrevue** With a classmate, take turns asking each other these questions.

1. Combien de personnes y a-t-il dans ta famille?
2. Comment s'appellent tes parents?
3. As-tu des frères ou des sœurs?
4. Combien de cousins/cousines as-tu? Comment s'appellent-ils/elles? Où habitent-ils/elles?
5. Quel(le) (*Which*) est ton cousin préféré/ta cousine préférée?
6. As-tu des neveux/des nièces?
7. Comment s'appellent tes grands-parents? Où habitent-ils?
8. Combien de petits-enfants ont tes grands-parents?

> **Coup de main**
> Use these words to help you complete this activity.
>
> ton *your (m.)* → mon *my (m.)*
> ta *your (f.)* → ma *my (f.)*
> tes *your (pl.)* → mes *my (pl.)*

6 **Qui suis-je?** Your instructor will give you a worksheet. Walk around the class and ask your classmates questions about their families. When a classmate gives one of the answers on the worksheet, write his or her name in the corresponding space. Be prepared to discuss the results with the class.

> **MODÈLE** Je suis marié(e).
> **Paul:** *Est-ce que tu es mariée?*
> **Jacqueline:** *Oui, je suis mariée. (You write "Jacqueline".)/ Non, je ne suis pas mariée. (You ask another classmate.)*

UNITÉ 3 | **La famille et les copains**

Les sons et les lettres

L'accent aigu and l'accent grave

In French, diacritical marks (*accents*) are an essential part of a word's spelling. They indicate how vowels are pronounced or distinguish between words with similar spellings but different meanings. **L'accent aigu** (´) appears only over the vowel **e**. It indicates that the **e** is pronounced similarly to the vowel *a* in the English word *cake*, but shorter and crisper. The French **é** lacks the *y* glide heard in English words like *day* and *late*.

| étudier | réservé | élégant | téléphone |

L'accent aigu also signals some similarities between French words and English words. Often, an **e** with **l'accent aigu** at the beginning of a French word marks the place where the letter *s* would appear at the beginning of the English equivalent.

| éponge | épouse | état | étudiante |
| sponge | spouse | state | student |

L'accent grave (`) over the vowel **e** indicates that the **e** is pronounced like the vowel *e* in the English word *pet*.

| très | après | mère | nièce |

Although **l'accent grave** does not change the pronunciation of the vowels **a** or **u**, it distinguishes words that have a similar spelling but different meanings.

| la | là | ou | où |
| the | there | or | where |

Répétez Practice saying these words aloud.

1. agréable
2. sincère
3. voilà
4. faculté
5. frère
6. à
7. déjà
8. éléphant
9. lycée
10. poème
11. là
12. élève

Articulez Practice saying these sentences aloud.

1. À tout à l'heure!
2. Thérèse, je te présente Michèle.
3. Hélène est très sérieuse et réservée.
4. Voilà mon père, Frédéric et ma mère, Ségolène.
5. Tu préfères étudier à la fac demain après-midi?

Dictons Practice reading these sayings aloud.

Tel père, tel fils.[1]

À vieille mule, frein doré.[2]

[1] Like father, like son.
[2] For an old mule, a golden bit.

ressources

LM p. 18 | Text MP3s Leçon 5 | Lab MP3s Leçon 5 | espaces.vhlcentral.com Leçon 5

soixante-dix-sept **77**

Leçon 5
ESPACE ROMAN-PHOTO

L'album de photos

PERSONNAGES

Amina

Michèle

Stéphane

Valérie

MICHÈLE Mais, qui c'est? C'est ta sœur? Tes parents?
AMINA C'est mon ami Cyberhomme.
MICHÈLE Comment est-il? Est-ce qu'il est beau? Il a les yeux de quelle couleur? Marron ou bleue? Et ses cheveux? Ils sont blonds ou châtains?
AMINA Je ne sais pas.
MICHÈLE Toi, tu es timide.

VALÉRIE Stéphane, tu as dix-sept ans. Cette année, tu passes le bac, mais tu ne travailles pas!
STÉPHANE Écoute, ce n'est pas vrai, je déteste mes cours, mais je travaille beaucoup. Regarde, mon cahier de chimie, mes livres de français, ma calculatrice pour le cours de maths, mon dictionnaire anglais-français...

STÉPHANE Oh, et qu'est-ce que c'est? Ah, oui, les photos de tante Françoise.
VALÉRIE Des photos? Mais où?
STÉPHANE Ici! Amina, on peut regarder des photos de ma tante sur ton ordinateur, s'il te plaît?

AMINA Ah, et ça, c'est toute la famille, n'est-ce pas?
VALÉRIE Oui, ça c'est Henri, sa femme Françoise et leurs enfants: le fils aîné Bernard, et puis son frère Charles, sa sœur Sophie et leur chien Socrate.
STÉPHANE J'aime bien Socrate. Il est vieux, mais il est amusant!

VALÉRIE Ah! Et Bernard, il a son bac aussi et sa mère est très heureuse.
STÉPHANE Moi, j'ai envie d'habiter avec oncle Henri et tante Françoise. Comme ça, pas de problème pour le bac!

STÉPHANE Pardon, maman. Je suis très heureux ici avec toi. Ah, au fait, Rachid travaille avec moi pour préparer le bac.
VALÉRIE Ah, bon? Rachid est très intelligent... un étudiant sérieux.

ACTIVITÉS

1 **Vrai ou faux?** Are the sentences **vrai** or **faux**?

1. Amina communique avec sa (*her*) tante par ordinateur.
2. Stéphane n'aime pas ses (*his*) cours au lycée.
3. Ils regardent des photos de vacances.
4. Henri est le frère aîné de Valérie.
5. Bernard est le cousin de Stéphane.
6. Charles a déjà son bac.
7. La tante de Stéphane s'appellent Françoise.
8. Stéphane travaille avec Amina pour préparer le bac.
9. Socrate est le fils d'Henri et de Françoise.
10. Rachid n'est pas un bon étudiant.

UNITÉ 3 — La famille et les copains

Stéphane et Valérie regardent des photos de famille avec Amina.

À la table d'Amina...

AMINA Alors, voilà vos photos. Qui est-ce?
VALÉRIE Oh, c'est Henri, mon frère aîné!
AMINA Quel âge a-t-il?
VALÉRIE Il a cinquante ans. Il est très sociable et c'est un très bon père.

VALÉRIE Ah! Et ça c'est ma nièce Sophie et mon neveu Charles! Regarde, Stéphane, tes cousins!
STÉPHANE Je n'aime pas Charles. Il est tellement sérieux.
VALÉRIE Il est peut-être trop sérieux, mais, lui, il a son bac!
AMINA Et Sophie, qu'elle est jolie!
VALÉRIE ... et elle a déjà son bac.

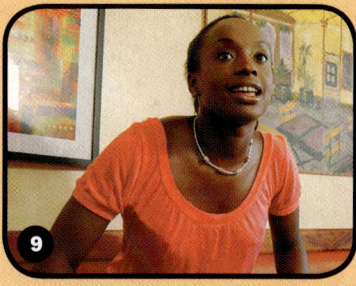 

AMINA Ça oui, préparer le bac avec Rachid, c'est une idée géniale!

VALÉRIE Oui, c'est vrai. En théorie, c'est une excellente idée. Mais tu prépares le bac avec Rachid, hein? Pas le prochain match de foot!

Expressions utiles

Talking about your family
- C'est ta sœur? Tes parents?
  Is that your sister? Your parents?
- C'est mon ami.
  That's my friend.
- Ça c'est Henri, sa femme Françoise et leurs enfants.
  That's Henri, his wife Françoise, and their kids.

Describing people
- Il a les yeux de quelle couleur? Marron ou bleue?
  What color are his eyes? Brown or blue?
- Il a les yeux bleus.
  He has blue eyes.
- Et ses cheveux? Ils sont blonds ou châtains? Frisés ou raides?
  And his hair? Is it blond or brown? Curly or straight?
- Il a les cheveux châtains et frisés.
  He has curly brown hair.

Additional vocabulary
- On peut regarder des photos de ma tante sur ton ordinateur?
  Can/May we look at some photos from my aunt on your computer?
- C'est toute la famille, n'est-ce pas?
  That's the whole family, right?
- Je ne sais pas.
  I don't know.
- Alors... *So...*
- vrai *true*
- une photo(graphie) *a photograph*
- une idée *an idea*
- peut-être *maybe*
- au fait *by the way*
- Hein? *Right?*
- déjà *already*

---

2 Vocabulaire Describe how Stéphane would be on the occasions listed. Refer to a dictionary as necessary.

1. on his 87th birthday _____
2. after finding 20€ _____
3. while taking the *bac* _____
4. after getting a good grade _____
5. after getting a make-over _____

beau
heureux
sérieux
vieux

3 Conversez In pairs, describe which member of your family is most like Stéphane. How are they alike? Do they both like sports? Do they take similar subjects? How do they like school? How are their personalities? Be prepared to describe your partner's "Stéphane" to the class.

ressources: VM pp. 219–220 · VCD-ROM Leçon 5 · espaces.vhlcentral.com Leçon 5

Leçon 5

ESPACE CULTURE

CULTURE À LA LOUPE

La famille française

Comment est la famille française? Est-elle différente de la famille américaine? La structure familiale traditionnelle existe-t-elle toujours°? La majorité des Français sont-ils mariés, divorcés ou célibataires?

Il n'y a pas de réponse simple à ces questions. Si on regarde la population française d'aujourd'hui, on observe que les familles françaises sont très diverses. Le mariage est toujours très populaire: la majorité des hommes et des femmes sont mariés. Mais attention! Le nombre de personnes divorcées augmente chaque° année, tout comme° le nombre de personnes célibataires.

Selon° l'âge et les circonstances individuelles, les couples vivent° avec ou sans° enfants. La structure familiale traditionnelle existe toujours en France, mais il y a aussi des structures moins traditionnelles, comme les familles monoparentales, où° l'unique parent est divorcé, séparé ou veuf. Il y a aussi des familles qui combinent deux familles, avec un beau-père, une belle-mère, des demi-frères et des demi-sœurs. Certains couples choisissent° le Pacte Civil de Solidarité (PACS), qui offre certains droits° et protections aux couples qui habitent ensemble° mais qui ne sont pas mariés.

Oubliez les stéréotypes des familles françaises. Elles sont grandes et elles sont petites; elles sont traditionnelles et non-conventionnelles; elles changent et elles sont toujours les mêmes°.

Coup de main

Remember to read decimal places in **French** using the French word **virgule** *(comma)* where you would normally say *point* in English. To say *percent*, use **pour cent**.

64,3% soixante-quatre virgule trois pour cent

sixty-four point three percent

La situation familiale des Français
(par tranche° d'âge)

ÂGE	CÉLIBATAIRES	EN COUPLE SANS ENFANTS	EN COUPLE AVEC ENFANTS	PARENT D'UNE FAMILLE MONOPARENTALE
< 25 ans	3,6%	2,8%	1%	0,3%
25–29 ans	16,7%	26,5%	26,2%	2,6%
30–44 ans	10,9%	9,8%	64,3%	6,2%
45–59 ans	11,7%	29,9%	47,2%	5,9%
> 60 ans	20,3%	59,2%	11,7%	2,9%

toujours *still* **chaque** *each* **tout comme** *just like* **Selon** *According to* **vivent** *live* **sans** *without* **où** *where* **choisissent** *choose* **droits** *rights* **ensemble** *together* **mêmes** *same* **tranche** *bracket*

ACTIVITÉS

1 Complétez Provide logical answers.

1. Si on regarde la population française d'aujourd'hui, on observe que les familles françaises sont très _____.
2. Le _____ est toujours très populaire en France.
3. La majorité des hommes et des femmes sont _____.
4. Le nombre de Français qui préfèrent rester _____ augmente.
5. Les Français vivent en couple, avec ou sans _____.
6. Dans les familles _____ l'unique parent est divorcé, séparé ou veuf.
7. Il y a des familles qui combinent _____ familles.
8. Le _____ offre certains droits et protections aux couples qui ne sont pas mariés.
9. Oubliez les _____ des familles françaises.
10. Les familles françaises changent et elles sont toujours _____.

UNITÉ 3 | **La famille et les copains**

LE FRANÇAIS QUOTIDIEN

La famille

frangin	brother
frangine	sister
maman	Mom, Mum
mamie	Nana, Grandma
minou	kitty
papa	Dad
papi	Granddad
tata	Auntie
tonton	Uncle
toutou	doggy

LE MONDE FRANCOPHONE

Les fêtes et la famille

Les États-Unis ont quelques fêtes° en commun avec le monde francophone, mais les dates et les traditions de ces fêtes différent d'un pays° à l'autre°.

La Fête des mères

En France le dernier° dimanche de mai ou le premier° dimanche de juin
En Belgique le deuxième° dimanche de mai
À l'île Maurice le dernier dimanche de mai
Au Canada le deuxième dimanche de mai

La Fête des pères

En France le troisième° dimanche de juin
En Belgique le deuxième dimanche de juin
Au Canada le troisième dimanche de juin

quelques fêtes *some holidays* pays *country* autre *other*
dernier *last* premier *first* deuxième *second* troisième *third*

PORTRAIT

Jacques Chirac, président et père

Jacques Chirac, élu° président de la République française en 1995 (mille neuf cent quatre-vingt-quinze), est père de famille et enfant unique, mais il n'est pas le seul° Chirac dans l'arène politique. Claude Chirac, seconde fille de° Monsieur Chirac et de son° épouse Bernadette, travaille avec son père à Paris. Experte en communication et surnommée° «Madame fille» par la presse française, Claude est aussi mère de famille. Son° fils est né° en 1995, l'année de l'élection présidentielle de son grand-père, Jacques Chirac.

élu *elected* seul *only* de *of* son *his*
surnommée *nicknamed* Son *Her* est né *was born*

SUR INTERNET

Le divorce en France est-il épidémique?

Go to espaces.vhlcentral.com to find more cultural information related to this **ESPACE CULTURE.**

ACTIVITÉS

2 Vrai ou faux? Are these statements **vrai** or **faux**?

1. Claude Chirac est enfant unique.
2. Jacques Chirac est grand-père.
3. «Madame fille» est la femme de Jacques Chirac.
4. Claude Chirac a un fils.
5. La famille Chirac célèbre une fête le troisième dimanche de juin.
6. Le deuxième dimanche de mai, c'est la Fête des mères en Belgique et au Canada.

3 À vous... With a partner, write six sentences using the vocabulary in **Le français quotidien**. Be prepared to share them with your classmates.

ressources
espaces.vhlcentral.com
Leçon 5

Leçon 5 — ESPACE STRUCTURES

5.1 Descriptive adjectives

Point de départ As you learned in **Leçon 2**, adjectives describe people, places, and things. In French, most adjectives agree in gender and number with the nouns or pronouns they modify.

SINGULAR MASCULINE NOUN ⟷ SINGULAR MASCULINE ADJECTIVE

Le père est américain.
The father is American.

PLURAL MASCULINE NOUN ⟷ PLURAL MASCULINE ADJECTIVE

As-tu des cours faciles?
Do you have easy classes?

- You've already learned several adjectives of nationality and some adjectives to describe your classes. Here are some adjectives used to describe physical characteristics.

Adjectives of physical description

bleu(e)	blue	joli(e)	pretty
blond(e)	blond	laid(e)	ugly
brun(e)	dark (hair)	marron	brown
châtain	brown (hair)	noir(e)	black
court(e)	short	petit(e)	small, short (stature)
grand(e)	tall, big	raide	straight
jeune	young	vert(e)	green

- Notice that in the examples below the adjectives agree in gender and number with the subjects.

Elles sont blondes et petites.
They are blond and short.

L'examen est long.
The exam is long.

- Use the expression **de taille moyenne** to describe someone or something of medium size.

Victor est un homme de taille moyenne.
Victor is a man of medium height.

C'est une université de taille moyenne.
It's a medium-sized university.

- The adjective **marron** is invariable; that is, it does not agree in gender and number with the noun it modifies. The adjective **châtain** is almost exclusively used to describe hair color.

Mon neveu a les yeux marron.
My nephew has brown eyes.

Ma nièce a les cheveux châtains.
My niece has brown hair.

MISE EN PRATIQUE

1 Ressemblances Family members often look and behave alike. Describe them.

MODÈLE
Caroline est intelligente. Elle a un frère.
Il est intelligent aussi.

1. Jean est curieux. Il a une sœur.
2. Carole est blonde. Elle a un cousin.
3. Albert est gros. Il a trois tantes.
4. Sylvie est fière et heureuse. Elle a un fils.
5. Christophe est vieux. Il a une demi-sœur.
6. Martin est laid. Il a une petite-fille.
7. Sophie est intellectuelle. Elle a deux grands-pères.
8. Céline est naïve. Elle a deux frères.
9. Anne est belle. Elle a cinq neveux.
10. Anissa est rousse. Elle a un mari.

2 Une femme heureuse Christine has a happy life. To know why, complete these sentences.

MODÈLE
Christine / avoir / trois enfants (beau)
Christine a trois beaux enfants.

1. Elle / avoir / des amis (sympathique)
2. Elle / habiter / dans un appartement (nouveau)
3. Son (*Her*) mari / avoir / un travail (bon)
4. Ses (*Her*) filles / être / des étudiantes (sérieux)
5. Christine / être / une femme (heureux)
6. Son mari / être / un homme (beau)
7. Elle / avoir / des collègues (amusant)
8. Sa (*Her*) secrétaire / être / une fille (jeune/intellectuel)
9. Elle / avoir / des chiens (bon)
10. Ses voisins / être (poli)

UNITÉ 3   La famille et les copains

COMMUNICATION

3 Comparaisons In pairs, take turns comparing these brothers and their sister. Make as many comparisons as possible, then share them with the class to see which pair is most perceptive.

Jean-Paul   Tristan   Géraldine

MODÈLE

Géraldine et Jean-Paul sont grands mais Tristan est petit.

4 Qui est-ce? Choose the name of a classmate. Your partner must guess the person by asking up to 10 **oui** or **non** questions. Then, switch roles.

MODÈLE

Étudiant(e) 1: C'est un homme?
Étudiant(e) 2: Oui.
É1: Il est de taille moyenne?
É2: Non.

5 Les bons copains Interview two classmates to learn about one of their friends, using these questions and descriptive adjectives. Be prepared to report to the class what you learned.

- Est-ce que tu as un(e) bon(ne) copain/copine?
- Comment est-ce qu'il/elle s'appelle?
- Quel âge est-ce qu'il/elle a?
- Comment est-ce qu'il/elle est?
- Il/Elle est de quelle origine?
- Quels cours est-ce qu'il/elle aime?
- Quels cours est-ce qu'il/elle déteste?

Some irregular adjectives

masculine singular	feminine singular	masculine plural	feminine plural	
beau	belle	beaux	belles	*beautiful; handsome*
bon	bonne	bons	bonnes	*good; kind*
fier	fière	fiers	fières	*proud*
gros	grosse	gros	grosses	*fat*
heureux	heureuse	heureux	heureuses	*happy*
intellectuel	intellectuelle	intellectuels	intellectuelles	*intellectual*
long	longue	longs	longues	*long*
naïf	naïve	naïfs	naïves	*naïve*
roux	rousse	roux	rousses	*red-haired*
vieux	vieille	vieux	vieilles	*old*

- The forms of the adjective **nouveau** (*new*) follow the same pattern as those of **beau**.
- Other adjectives that follow the pattern of **heureux** are **curieux** (*curious*), **malheureux** (*unhappy*), **nerveux** (*nervous*), and **sérieux** (*serious*).

Position of adjectives

- These adjectives are usually placed before the noun they modify: **beau, bon, grand, gros, jeune, joli, long, nouveau, petit,** and **vieux**.

   J'aime bien les **grandes** familles.   Joël est un **vieux** copain.
   I like large families.   *Joël is an old friend.*

- These adjectives are also generally placed before a noun: **mauvais(e)** (*bad*), **pauvre** (*poor, unfortunate*), **vrai(e)** (*true, real*).

- These forms are used before masculine singular nouns that begin with a vowel sound.

beau	bel	un **bel** appartement
vieux	vieil	un **vieil** homme
nouveau	nouvel	un **nouvel** ami

- The plural indefinite article **des** changes to **de** before an adjective followed by a noun.

   J'habite avec **des** amis sympathiques.   J'habite avec **de** bons amis.
   I live with nice friends.   *I live with good friends.*

Essayez! Provide all four forms of the adjectives.

1. grand *grand, grande, grands, grandes*   4. naïf _____
2. nerveux _____   5. gros _____
3. roux _____   6. long _____

Leçon 5

ESPACE STRUCTURES

5.2 Possessive adjectives

Point de départ In both English and French, possessive adjectives express ownership or possession.

> **BOÎTE À OUTILS**
> In ESPACE CONTEXTES you learned a few possessive adjectives with family vocabulary: **mon grand-père, ma sœur, mes cousins.**

Possessive adjectives

masculine singular	feminine singular	plural	
mon	ma	mes	my
ton	ta	tes	your (fam. and sing.)
son	sa	ses	his, her, its
notre	notre	nos	our
votre	votre	vos	your (form. or pl.)
leur	leur	leurs	their

C'est ta sœur? Tes parents?

Voilà vos photos.

- Possessive adjectives are always placed before the nouns they modify.

  C'est **ton** père? Non, c'est **mon** oncle.
  Is that your father? *No, that's my uncle.*

- In French, unlike English, possessive adjectives agree in gender and number with the nouns they modify.

  mon frère   **ma** sœur   **mes** grands-parents
  my brother   *my sister*   *my grandparents*

- The first and second person plural possessive adjectives agree with the noun(s) they modify in number only.

  notre neveu   **notre** famille   **nos** enfants
  our nephew   *our family*   *our children*

  votre cousin   **votre** cousine   **vos** cousins
  your cousin   *your cousin*   *your cousins*

- The masculine singular forms **mon, ton,** and **son** are used with feminine singular nouns that begin with a vowel sound.

  mon amie   **ton** étudiante   **son** histoire
  my friend   *your student*   *his story*

84 quatre-vingt-quatre

MISE EN PRATIQUE

1 Complétez Complete the sentences with the correct possessive adjectives.

1. _____ (*My*) sœur est très patiente.
2. Marc et Julien adorent _____ (*their*) cours de philosophie et de maths.
3. Nadine et Gisèle, qui est _____ (*your*) amie?
4. C'est une belle photo de _____ (*their*) grand-mère.
5. Est-ce que tu as _____ (*your*) montre?
6. Nous voyageons en France avec _____ (*our*) enfants.
7. Est-ce que tu travailles beaucoup sur _____ (*your*) ordinateur?
8. _____ (*Her*) cousins habitent à Paris.
9. J'aime bien _____ (*his*) livre, il est très intéressant.
10. Bonjour, M. Martin. Comment sont _____ (*your*) étudiants cette année?

2 Identifiez Identify the owner(s) of each object.

MODÈLE
Ce sont les cahiers de Sophie.

Sophie

Christophe
1. _____

Georgette
4. _____

Paul
2. _____

Jacqueline
5. _____

Stéphanie
3. _____

Christine
6. _____

UNITÉ 3 La famille et les copains

COMMUNICATION

3 **Ma famille** Use these cues to interview as many classmates as you can to learn about their family members. Then, tell the class what you found out.

MODÈLE

mère / parler / espagnol
Étudiant(e) 1: Est-ce que ta mère parle espagnol?
Étudiant(e) 2: Oui, ma mère parle espagnol.

1. sœur / travailler / en Californie
   _____
2. frère / être / célibataire
   _____
3. voisins / avoir / un chien
   _____
4. cousin / voyager / beaucoup
   _____
5. père / adorer / les ordinateurs
   _____
6. parents / être / divorcés
   _____
7. tante / avoir / les yeux marron
   _____
8. grands-parents / habiter / en Floride
   _____

4 **Portrait de famille** In groups of three, take turns describing your family in as much detail as possible. Listen carefully to your partners' descriptions without taking notes. After everyone has spoken, two of you describe the other's family to see how well you remember.

MODÈLE

Étudiant(e) 1: Sa mère est sociable.
Étudiant(e) 2: Sa mère est blonde.
Étudiant(e) 3: Mais non! Ma mère est timide et elle a les cheveux châtains.

• The choice of **son, sa,** and **ses** depends on the gender and number of the noun possessed, not the gender and number of the owner. Context usually makes the meaning clear.

son frère = *his/her brother*
sa sœur = *his/her sister*
ses parents = *his/her parents*

Possession with **de**

• In English, you use *'s* to express relationships or ownership. In French, use **de (d')** + [*the noun or proper name*] instead.

C'est le petit ami **d'Élisabeth.**   C'est le petit ami **de ma sœur.**
That's Élisabeth's boyfriend.   *That's my sister's boyfriend.*

• When the preposition **de** is followed by the definite articles **le** and **les**, they contract to form **du** and **des**, respectively. There is no contraction when **de** is followed by **la** and **l'**.

de + le ▶ du   de + les ▶ des

L'opinion **du** grand-père   La fille **des** voisins a
est importante.   les cheveux châtains.
The grandfather's opinion   *The neighbors' daughter*
is important.   *has brown hair.*

On peut regarder des photos de ma tante?   *Elle a déjà son bac.*

Essayez! Provide the appropriate form of each possessive adjective.

mon, ma, mes   **notre, nos**
1. _mon_ livre   10. _____ cahier
2. _____ librairie   11. _____ études
3. _____ professeurs   12. _____ bourse

ton, ta, tes   **votre, vos**
4. _____ ordinateurs   13. _____ soirées
5. _____ télévision   14. _____ resto U
6. _____ stylo   15. _____ devoirs

son, sa, ses   **leur, leurs**
7. _____ table   16. _____ résultat
8. _____ problèmes   17. _____ classe
9. _____ école   18. _____ notes

Leçon 5

ESPACE STRUCTURES

Synthèse

1 Expliquez In pairs, take turns randomly calling out one person from column A and one from column B. Your partner will explain how they're related.

MODÈLE

Étudiant(e) 1: *ta sœur et ta mère*
Étudiant(e) 2: *Ma sœur est la fille de ma mère.*

A	B
1. sœur	a. cousine
2. tante	b. mère
3. cousins	c. grand-père
4. demi-frère	d. neveu
5. père	e. oncle

2 Les yeux de ma mère List five physical (hair, eyes, and height) or personality traits that you share with other members of your family. Be specific. Then, in pairs, compare your lists and be ready to present your partner's list to the class.

MODÈLE

Étudiant(e) 1: *J'ai les yeux bleus de mon père et je suis fier/fière comme mon grand-père.*
Étudiant(e) 2: *Moi, je suis impatient(e) comme ma mère.*

3 Les familles célèbres In groups of four, play a guessing game. Imagine that you belong to one of these famous families, or a famous family of your choice. Start describing your new family to your partners. The first person who guesses which family you're describing and where you fit in is the winner. He or she should decribe another family. Repeat until everybody guesses correctly twice.

> La famille Adams
> La famille Griswold
> La famille Kennedy
> La famille Osborne
> La famille Simpson

4 La famille idéale Survey your classmates. Ask them to describe their ideal family. Is it a large family with many different people or a small family with people who have many traits in common? Record their answers. Then, in pairs, compare your results. Be prepared to report to the class.

MODÈLE

Étudiant(e) 1: *Comment est ta famille idéale?*
Étudiant(e) 2: *Ma famille idéale est petite, avec deux enfants, et beaucoup de chiens et chats.*

5 Le casting A casting director is on the phone with an agent to find actors for a new comedy about a strange family. In pairs, act out their conversation and find an actor to play each character. There are more actors than there are characters to play.

MODÈLE

Étudiant(e) 1: *Pour la mère, il y a Émilie. Elle est rousse et elle a les cheveux courts.*
Étudiant(e) 2: *Ah, non. La mère est brune et elle a les cheveux longs. Avez-vous une actrice brune?*

La famille

le fils la fille le père la mère le cousin

Les acteurs et les actrices

Julie, Annick, Michelle, Patrick, Laurent, Stéphane, Robert, Émilie

6 Les différences Your instructor will give you and a partner each a drawing of a family. Find the six differences between your picture and your partner's.

MODÈLE

Étudiant(e) 1: *La mère est blonde.*
Étudiant(e) 2: *Non, la mère est brune.*

ressources

| WB pp. 31–34 | LM pp. 19–20 | Lab MP3s Leçon 5 | espaces.vhlcentral.com Leçon 5 |

UNITÉ 3 | La famille et les copains

Projet

Une famille célèbre

Think of a famous family from television, music, or movies. Your French instructor will ask you to give a short presentation about this family.

1 Préparez un arbre généalogique

Create an illustrated family tree of your famous family. Using the research tools found in **Sur Internet**, collect photographs of the family members. Your family tree might include these elements:

- A simple, yet descriptive title
- A format that clearly shows the relationships between family members
- Photographs of the family members
- The names of the family members
- The names and photographs of interesting places in the city where they live
- Three or four adjectives that describe each person

2 Présentez l'information

Using your family tree as a guide, give a brief presentation to the class about your famous family. Make your descriptions of the family members and where they live as interesting as you can.

SUR INTERNET

Go to **espaces.vhlcentral.com** for more information related to this **Projet**.

quatre-vingt-sept

ESPACE CONTEXTES

Leçon 6

You will learn how to...
- describe people
- describe locations

Comment sont-ils?

Vocabulaire

actif/active	active
antipathique	unpleasant
courageux/courageuse	courageous, brave
cruel(le)	cruel
doux/douce	sweet, soft
ennuyeux/ennuyeuse	boring
étranger/étrangère	foreign
faible	weak
favori(te)	favorite
fou/folle	crazy
généreux/généreuse	generous
génial(e)	great
gentil(le)	nice
lent(e)	slow
méchant(e)	mean
modeste	modest, humble
pénible	tiresome
prêt(e)	ready
sportif/sportive	athletic
un(e) architecte	architect
un(e) artiste	artist
un(e) athlète	athlete
un(e) avocat(e)	lawyer
un(e) dentiste	dentist
un homme/une femme d'affaires	businessman/woman
un ingénieur	engineer
un(e) journaliste	journalist
un médecin	doctor

Ils sont paresseux.

Il est rapide.

Il est fort.

Il est travailleur.

le propriétaire

discrète (discret *m.*)

fatiguée

jaloux (jalouse *f.*)

inquiète (inquiet *m.*)

triste

ressources

WB pp. 35–36 | LM p. 21 | Text MP3s Leçon 6 | Lab MP3s Leçon 6 | espaces.vhlcentral.com Leçon 6

quatre-vingt-huit

UNITÉ 3 La famille et les copains

Mise en pratique

1 **Écoutez** You will hear descriptions of three people. Listen carefully and indicate whether the statements about them are **vrai** or **faux**.

Nora   Ahmed   Françoise

	Vrai	Faux
1. L'architecte aime le sport.	☐	☐
2. L'artiste est paresseuse.	☐	☐
3. L'artiste aime son travail.	☐	☐
4. Ahmed est médecin.	☐	☐
5. Françoise est gentille.	☐	☐
6. Nora est avocate.	☐	☐
7. Nora habite au Québec.	☐	☐
8. Ahmed est travailleur.	☐	☐
9. Françoise est mère de famille.	☐	☐
10. Ahmed habite avec sa femme.	☐	☐

2 **Les contraires** Complete each sentence with the opposite adjective.

1. Ma grand-mère n'est pas cruelle, elle est _____.
2. Mon frère n'est pas travailleur, il est _____.
3. Mes cousines ne sont pas faibles, elles sont _____.
4. Ma tante n'est pas drôle, elle est _____.
5. Mon oncle est athlète. Il n'est pas lent, il est _____.
6. Ma famille et moi, nous ne sommes pas antipathiques, nous sommes _____.
7. Mes parents ne sont pas méchants, ils sont _____.
8. Mon oncle n'est pas heureux, il est _____.

3 **Les célébrités** Match these famous people with their professions. Not all of the professions will be used.

____ 1. Donald Trump   a. médecin
____ 2. Claude Monet   b. journaliste
____ 3. Paul Mitchell   c. musicien(ne)
____ 4. Dr. Phil C. McGraw   d. coiffeur/coiffeuse
____ 5. Serena Williams   e. artiste
____ 6. Maria Shriver   f. architecte
____ 7. Beethoven   g. avocat(e)
____ 8. Johnny Cochran   h. homme/femme d'affaires
                             i. athlète
                             j. dentiste

Leçon 6 ESPACE CONTEXTES

Communication

4 Les professions In pairs, say what the true professions of these people are. Alternate reading and answering the questions.

MODÈLE
Étudiant(e) 1: Est-ce que Sabine et Sarah sont femmes d'affaires?
Étudiant(e) 2: Non, elles sont avocates.

1. Est-ce que Louis est athlète?
2. Est-ce que Jean est professeur?
3. Est-ce que Juliette est ingénieur?
4. Est-ce que Charles est médecin?

5. Est-ce que Pauline est musicienne?
6. Est-ce que Jacques et Brigitte sont avocats?
7. Est-ce qu'Édouard est dentiste?
8. Est-ce que Martine et Sophie sont propriétaires?

5 Conversez Interview a classmate. When asked **pourquoi**, answer with **parce que** (*because*).

1. Quel âge ont tes parents? Comment sont-ils?
2. Y a-t-il un(e) avocat(e) dans ta famille? Qui (*Who*)?
3. Qui est ton/ta cousin(e) préféré(e)? Pourquoi?
4. Qui n'est pas ton/ta cousin(e) préféré(e)? Pourquoi?
5. As-tu des animaux domestiques (*pets*)? Quel est ton animal domestique favori? Pourquoi?
6. Qui est ton professeur préféré? Pourquoi?
7. Qui est gentil dans la classe? Pourquoi?
8. Quelles professions aimes-tu? Pourquoi?

6 Quelle surprise! You run into your French instructor ten years after you graduated and want to know what his or her life is like today. With a partner, prepare a conversation where you:

- greet each other
- ask each other's ages
- ask what each other's professions are
- ask about marital status and for a description of your significant others
- ask if either of you have children, and if so, for a description of them

7 Les petites annonces Write a **petite annonce** (*personal ad*) where you describe yourself and your ideal boyfriend or girlfriend. Include details such as profession, age, physical characteristics, and personality, both for yourself and for the person you hope reads the ad. Your instructor will post the ads. In groups, take turns reading them and guessing who wrote them.

Les sons et les lettres

L'accent circonflexe, la cédille, and le tréma

L'accent circonflexe (^) can appear over any vowel.

aîné   **drôle**   **diplôme**   **pâté**

L'accent circonflexe indicates that a letter, frequently an **s**, has been dropped from an older spelling. For this reason, l'accent circonflexe can be used to identify similarities between French and English words.

hospital → hôpital   **forest → forêt**

L'accent circonflexe is also used to distinguish between words with similar spellings but different meanings.

mûr	**mur**	**sûr**	**sur**
ripe	wall	sure	on

La cédille (¸) is only used with the letter **c**. It is always pronounced with a soft **c** sound, like the *s* in the English word *yes*. Use a **cédille** to retain the soft **c** sound before an **a**, **o**, or **u**. Before an **e** or an **i**, the letter **c** is always soft, so a **cédille** is not necessary.

garçon   **français**   **ça**   **leçon**

Le tréma (¨) is used to indicate that two vowel sounds are pronounced separately. It is always placed over the second vowel.

égoïste   **naïve**   **Noël**   **Haïti**

Prononcez Practice saying these words aloud.

1. naïf
2. reçu
3. châtain
4. âge
5. français
6. fenêtre
7. théâtre
8. garçon
9. égoïste
10. château

Articulez Practice saying these sentences aloud.

1. Comment ça va?
2. Comme ci, comme ça.
3. Vous êtes française, Madame?
4. C'est un garçon cruel et égoïste.
5. J'ai besoin d'être reçu à l'examen.
6. Caroline, ma sœur aînée, est très drôle.

Dictons Practice reading these sayings aloud.

Impossible n'est pas français.[1]

Plus ça change, plus c'est la même chose.[2]

[1] There's no such thing as "can't". (lit. Impossible is not French.)
[2] The more things change, the more they stay the same.

Leçon 6

ESPACE ROMAN-PHOTO

On travaille chez moi!

PERSONNAGES

Amina

David

Rachid

Sandrine

Stéphane

Valérie

SANDRINE Alors, Rachid, où est David?
Un téléphone portable sonne (a cell phone rings)...
VALÉRIE Allô.
RACHID Allô.
AMINA Allô.

SANDRINE C'est Pascal! Je ne trouve pas mon téléphone!
AMINA Il n'est pas dans ton sac à dos?
SANDRINE Non!
RACHID Ben, il est sous tes cahiers.
SANDRINE Non plus!
AMINA Il est peut-être derrière ton livre... ou à gauche.

SANDRINE Mais non! Pas derrière! Pas à gauche! Pas à droite! Et pas devant!
RACHID Non! Il est là... sur la table. Mais non! La table à côté de la porte.
SANDRINE Ce n'est pas vrai! Ce n'est pas Pascal! Numéro de téléphone 06.62.70.94.87. Mais qui est-ce?

DAVID Sandrine? Elle est au café?
RACHID Oui... pourquoi?
DAVID Ben, j'ai besoin d'un bon café, oui, d'un café très fort. D'un espresso! À plus tard!
RACHID Tu sais, David, lui aussi, est pénible. Il parle de Sandrine. Sandrine, Sandrine, Sandrine.
RACHID ET STÉPHANE C'est la barbe!

STÉPHANE C'est ta famille? C'est où?
RACHID En Algérie, l'année dernière chez mes grands-parents. Le reste de ma famille — mes parents, mes sœurs et mon frère, habitent à Marseille.
STÉPHANE C'est ton père, là?
RACHID Oui. Il est médecin. Il travaille beaucoup.

RACHID Et là, c'est ma mère. Elle, elle est avocate. Elle est très active... et très travailleuse aussi.

A C T I V I T É S

1 **Identifiez** Indicate which character would make each statement. The names may be used more than once. Write **D** for David, **R** for Rachid, **S** for Sandrine, and **St** for Stéphane.

1. J'ai envie d'être architecte. _____
2. Numéro de téléphone 06.62.70.94.87. _____
3. David est un colocataire pénible. _____
4. Stéphane! Tu n'es pas drôle! _____
5. Que c'est ennuyeux! _____
6. On travaille chez moi! _____
7. Sandrine, elle est tellement pénible. _____
8. Sandrine? Elle est au café? _____
9. J'ai besoin d'un café très fort. _____
10. C'est pour ça qu'on prépare le bac. _____

quatre-vingt-douze

UNITÉ 3 | **La famille et les copains**

Sandrine perd (*loses*) son téléphone.
Rachid et Stéphane préparent le bac.

STÉPHANE Qui est-ce? C'est moi!
SANDRINE Stéphane! Tu n'es pas drôle!
RACHID Oui, Stéphane. C'est cruel.
STÉPHANE C'est génial...
RACHID Bon, tu es prêt? On travaille chez moi!

À l'appartement de Rachid et de David...
STÉPHANE Sandrine, elle est tellement pénible. Elle parle de Pascal, elle téléphone à Pascal... Pascal, Pascal, Pascal! Que c'est ennuyeux!
RACHID Moi aussi, j'en ai marre.

STÉPHANE Avocate? Moi, j'ai envie d'être architecte.
RACHID Architecte? Alors, c'est pour ça qu'on prépare le bac.

Rachid et Stéphane au travail...
RACHID Allez, si *x* égale 83 et *y* égale 90, la réponse c'est...
STÉPHANE Euh... 100?
RACHID Oui! Bravo!

Expressions utiles

Making complaints
- Sandrine, elle est tellement pénible.
  Sandrine, she is so tiresome.
- J'en ai marre.
  I'm fed up.
- Tu sais, David, lui aussi, est pénible.
  You know, David, he too, he's tiresome.
- C'est la barbe!
  What a drag!

Reading numbers
- Numéro de téléphone 06.62.70.94.87 (zéro six, soixante-deux, soixante-dix, quatre-vingt-quatorze, quatre-vingt-sept).
  Phone number 06.62.70.94.87.
- Si *x* égale 83 (quatre-vingt-trois) et *y* égale 90 (quatre-vingt-dix)...
  If x equals 83 and y equals 90...
- La réponse, c'est 100 (cent).
  The answer is 100.

Expressing location
- Où est le téléphone de Sandrine?
  Where is Sandrine's telephone?
- Il n'est pas dans son sac à dos.
  It's not in her backpack.
- Il est sous ses cahiers.
  It's under her notebooks.
- Il est derrière son livre, pas devant.
  It's behind her book, not in front.
- Il est à droite ou à gauche?
  Is it to the right or to the left?
- Il est sur la table à côté de la porte.
  It's on the table next to the door.

---

2 Vocabulaire Refer to the video stills and dialogues to match these people and objects with their locations.

____ 1. sur la table   a. le téléphone de Sandrine
____ 2. pas sous les cahiers b. Sandrine
____ 3. devant le café   c. l'ordinateur de Rachid
____ 4. au café   d. la famille de Rachid
____ 5. à côté de la porte   e. Stéphane
____ 6. en Algérie   f. la table

3 Écrivez In pairs, write a brief description in French of one of the video characters. Do not mention the character's name. Describe his or her personality traits, physical characteristics, and career path. Be prepared to read your description aloud to your classmates, who will guess the identity of the character.

ressources
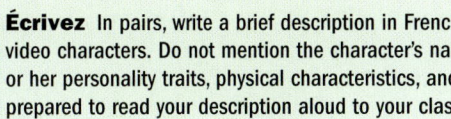
VM pp. 221–222 | VCD-ROM Leçon 6 | espaces.vhlcentral.com Leçon 6

Leçon 6 — ESPACE CULTURE

CULTURE À LA LOUPE

L'amitié

Quelle est la différence entre un copain et un ami? Un petit ami, qu'est-ce que c'est? Avoir plus de copains que° d'amis, c'est normal. Des copains sont des personnes qu'on voit assez souvent°, comme° des gens de l'université ou du travail°, et avec qui on parle de sujets ordinaires. L'amitié° entre copains est souvent éphémère et pas très profonde. D'habitude°, ils ne parlent pas de problèmes très personnels.

Par contre°, des amis parlent de choses plus importantes et plus intimes. L'amitié est plus profonde, solide et stable, même si° on ne voit pas ses amis très souvent. Un ami, c'est une personne très proche° qui vous écoute quand vous avez un problème.

Un(e) petit(e) ami(e) est une personne avec qui on a une relation très intime et établie°, basée sur l'amour. Les jeunes couples français sortent° souvent en groupe avec d'autres° couples plutôt que° seuls; même si un jeune homme et une jeune femme sortent ensemble°, normalement chaque personne paie sa part.

> **Coup de main**
>
> To ask *what is* or *what are*, you can use **quel** and a form of the verb **être**. The different forms of **quel** agree in gender and number with the nouns to which they refer:
>
> **Quel / Quelle est...?**
> *What is...?*
>
> **Quels / Quelles sont...?**
> *What are...?*

plus de... que more... than **voit assez souvent** sees rather often **comme** such as **du travail** from work **L'amitié** Friendship **D'habitude** Usually **Par contre** On the other hand **même si** even if **proche** close **établie** established **sortent** go out **d'autres** other **plutôt que** rather than **ensemble** together

ACTIVITÉS

1 Vrai ou faux? Are these statements **vrai** or **faux**?

1. Un copain est un très bon ami.
2. D'habitude on a plus d'amis que de copains.
3. Un copain est une personne qu'on ne voit pas souvent.
4. Un ami est une personne avec qui on a une relation très solide.
5. Normalement, on ne parle pas de ses problèmes personnels avec ses copains.
6. Un ami vous écoute quand vous avez un problème.
7. L'amitié entre amis est plus profonde que l'amitié entre copains.
8. En général, les jeunes couples français vont au café ou au cinéma en groupe.
9. Un petit ami est comme un copain.
10. En France, les femmes ne paient pas quand elles sortent.

UNITÉ 3 La famille et les copains

LE FRANÇAIS QUOTIDIEN

Pour décrire les gens

bête	stupid
borné(e)	narrow-minded
canon	good-looking
coincé(e)	inhibited
cool	relaxed
dingue	crazy
malin/maligne	clever
marrant(e)	funny
mignon(ne)	cute
zarbi	weird

LE MONDE FRANCOPHONE

Le mariage et les traditions

Voici des objets et traditions associés avec le mariage dans le monde francophone.

En France Les jeunes mariés boivent° dans une coupe de mariage°, un objet de famille°.

En Belgique Une femme, à l'occasion de son mariage, porte° le mouchoir° familial où son nom et le nom de toutes les femmes mariées de sa famille sont brodés°.

Au Maroc Les amies de la mariée appliquent° du henné sur les mains° de la mariée.

Au Québec Les jeunes mariés et les invités boivent le caribou°.

<small>**boivent** drink **dans une coupe de mariage** from an engraved, double-handled wedding goblet **objet de famille** family heirloom **porte** carries **mouchoir** handkerchief **brodés** embroidered **appliquent** apply **henné sur les mains** henna to the hands **caribou** red wine with whisky</small>

PORTRAIT

Les Depardieu

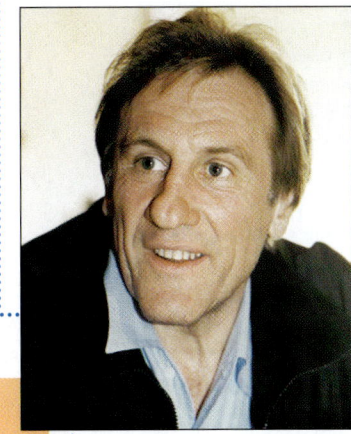
Gérard

Les Depardieu sont une famille d'acteurs français. Gérard, le père, est l'acteur le plus célèbre° de France. Lauréat° de deux Césars°, un pour *Le Dernier Métro°* et l'autre° pour *Cyrano de Bergerac*, et d'un Golden Globe pour le film américain *Green Card*, il joue depuis trente ans° et a tourné° plus de 120 (cent vingt) films. Ses enfants ont aussi du succès dans la profession: Guillaume, son fils, a joué° dans beaucoup de films, y compris° *Tous les matins du monde°* avec son père; Julie, sa fille, a déjà° deux Césars et a joué avec son père dans *Le Comte de Monte-Cristo*.

Guillaume

Julie

<small>**le plus célèbre** most famous **Lauréat** Winner **Césars** César awards (the equivalent of the Oscars in France) **Le Dernier Métro** The Last Metro **l'autre** the other **il joue depuis trente ans** he has been acting for thirty years **a tourné** has been in **a joué** has acted **y compris** including **Tous les matins du monde** All the Mornings of the World **déjà** already</small>

SUR INTERNET

Quand ils sortent (go out), où vont (go) les jeunes couples français?

Go to **espaces.vhlcentral.com** to find more cultural information related to this **ESPACE CULTURE**.

---

2 **Les Depardieu** Complete these statements with the correct information.

1. Gérard Depardieu a joué dans plus de _____ films.
2. Guillaume est _____ de Gérard Depardieu.
3. Julie est _____ de Gérard Depardieu.
4. Julie joue avec Gérard dans _____.
5. Guillaume joue avec Gérard dans _____.
6. Julie a déjà _____ Césars.

3 **Comment sont-ils?** Look at the photos of the Depardieu family. With a partner, take turns describing each person in detail. How old do you think they are? What do you think their personalities are like? Do you see any family resemblances?

ressources
espaces.vhlcentral.com
Leçon 6

ACTIVITÉS

Leçon 6

ESPACE STRUCTURES

6.1 Numbers 61–100

Numbers 61–100

61-69
- 61 soixante et un
- 62 soixante-deux
- 63 soixante-trois
- 64 soixante-quatre
- 65 soixante-cinq
- 66 soixante-six
- 67 soixante-sept
- 68 soixante-huit
- 69 soixante-neuf

70-79
- 70 soixante-dix
- 71 soixante et onze
- 72 soixante-douze
- 73 soixante-treize
- 74 soixante-quatorze
- 75 soixante-quinze
- 76 soixante-seize
- 77 soixante-dix-sept
- 78 soixante-dix-huit
- 79 soixante-dix-neuf

61-69 (80-89)
- 80 quatre-vingts
- 81 quatre-vingt-un
- 82 quatre-vingt-deux
- 83 quatre-vingt-trois
- 84 quatre-vingt-quatre
- 85 quatre-vingt-cinq
- 86 quatre-vingt-six
- 87 quatre-vingt-sept
- 88 quatre-vingt-huit
- 89 quatre-vingt-neuf

90-100
- 90 quatre-vingt-dix
- 91 quatre-vingt-onze
- 92 quatre-vingt-douze
- 93 quatre-vingt-treize
- 94 quatre-vingt-quatorze
- 95 quatre-vingt-quinze
- 96 quatre-vingt-seize
- 97 quatre-vingt-dix-sept
- 98 quatre-vingt-dix-huit
- 99 quatre-vingt-dix-neuf
- 100 cent

BOÎTE À OUTILS
STUDY TIP: To say numbers **70–99**, remember the arithmetic behind them. For example, **quatre-vingt-douze (92)** is 4 (quatre) x 20 (vingt) + 12 (douze).

- Numbers that end in the digit **1** are not usually hyphenated. They use the conjunction **et** instead.

  trente et un   cinquante et un   soixante et un

Attention! 81 and 91 are exceptions:

  quatre-vingt-un   quatre-vingt-onze

- The number **quatre-vingts** ends in **-s**, but there is no **-s** when it is followed by another number.

  quatre-vingts   quatre-vingt-cinq   quatre-vingt-dix-huit

Essayez! What are these numbers in French?

1. 67 _soixante-sept_
2. 75 _____
3. 99 _____
4. 70 _____
5. 82 _____
6. 91 _____
7. 66 _____
8. 87 _____
9. 52 _____
10. 60 _____

MISE EN PRATIQUE

1 Les numéros de téléphone Write down these phone numbers, then read them aloud in French.

MODÈLE
C'est le zéro un, quarante-trois, soixante-quinze, quatre-vingt-trois, seize.
01.43.75.83.16

1. C'est le zéro deux, soixante-cinq, trente-trois, quatre-vingt-quinze, zéro six.
2. C'est le zéro un, quatre-vingt-dix-neuf, soixante-quatorze, quinze, vingt-cinq.
3. C'est le zéro cinq, soixante-cinq, onze, zéro huit, quatre-vingts.
4. C'est le zéro trois, quatre-vingt-dix-sept, soixante-dix-neuf, cinquante-quatre, vingt-sept.
5. C'est le zéro quatre, quatre-vingt-cinq, soixante-neuf, quatre-vingt-dix-neuf, quatre-vingt-onze.
6. C'est le zéro un, vingt-quatre, quatre-vingt-trois, zéro un, quatre-vingt-neuf.

2 Les maths Read these math problems aloud, then write out each answer in words.

MODÈLE
65 + 3 = _soixante-huit_
Soixante-cinq plus trois font (equals) soixante-huit.

1. 70 + 15 = _____
2. 82 + 10 = _____
3. 76 + 3 = _____
4. 88 + 12 = _____
5. 40 + 27 = _____
6. 67 + 6 = _____
7. 43 + 54 = _____
8. 78 + 5 = _____
9. 70 + 20 = _____
10. 64 + 16 = _____

3 Comptez Read the following numbers aloud in French, then follow the pattern to provide the missing numbers.

1. 60, 62, 64, ... 80
2. 76, 80, 84, ... 100
3. 100, 95, 90, ... 60
4. 99, 96, 93, ... 69

quatre-vingt-seize

UNITÉ 3 — La famille et les copains

COMMUNICATION

4 Questions indiscrètes With a partner, take turns asking how old these people are.

MODÈLE

Étudiant(e) 1: *Madame Hubert a quel âge?*
Étudiant(e) 2: *Elle a 70 ans.*

5 Qui est-ce? Interview as many classmates as you can in five minutes to find out the name, relationship, and age of their oldest family member. Take notes and be prepared to identify the student with the oldest family member to the class.

MODÈLE

Étudiant(e) 1: *Qui est le plus vieux (the oldest) dans ta famille?*
Étudiant(e) 2: *C'est ma tante Julie. Elle a soixante-dix ans.*

6 Les pourcentages Tally your classmates' responses to the questions below, then calculate the percentages for each affirmative answer. (To figure percentages, divide the number of affirmative answers by the number of people in your class.) Compare the results of your survey with a classmate's.

MODÈLE

Soixante-seize pour cent des étudiants ont un chien.

1. Tu as un chien?
2. Tu as un chat?
3. Tu as un frère ou des frères?
4. Tu as une sœur ou des sœurs?
5. Tu as des cousins?
6. Tu as des oncles et des tantes?

Le français vivant

Identifiez Scan this catalogue page, and identify the instances where the numbers 61–100 are used.

Questions

1. Qui sont les personnes sur la photo?
2. Où est-ce qu'ils habitent?
3. Qu'est-ce qu'ils ont dans leur maison?
4. Quels autres (*other*) objets trouve-t-on dans le Catalogue VPC? (Imaginez.)
5. Quels sont leurs prix (*prices*)?

Leçon 6 — ESPACE STRUCTURES

6.2 Prepositions of location

Point de départ You have already learned expressions in French containing prepositions like **à, de,** and **en**. Prepositions of location describe the location of something or someone in relation to something or someone else.

Prepositions of location

à côté de	next to	en face de	facing, across from
à droite de	to the right of	entre	between
à gauche de	to the left of	loin de	far from
dans	in	par	by
derrière	behind	près de	close to, near
devant	in front of	sous	under
en	in	sur	on

- Use the contractions **du** and **des** in prepositional expressions when they are appropriate.

  Le resto U est **à côté du** gymnase.
  The cafeteria is next to the gym.

  Notre chien aime manger **près des** enfants.
  Our dog likes to eat close to the children.

- You can further modify prepositions of location by using intensifiers such as **tout** (*very, really*) and **juste** (*just, right*).

  Ma sœur habite **juste à côté de** l'université.
  My sister lives right next to the university.

  Jules et Alain travaillent **tout près de** la fac.
  Jules and Alain work really close to campus.

- You may use prepositions without the word **de** when they are not followed by a noun.

  Ma sœur habite **juste à côté.**
  My sister lives right next door.

  Elle travaille **tout près.**
  She works really close by.

Il est sous tes cahiers.

Pas derrière! Pas à gauche! Pas à droite!

MISE EN PRATIQUE

1 Où est ma montre? Claude has lost her watch. Choose the appropriate prepositions to complete her friend Pauline's questions.

1. Elle est (sur / entre) le bureau?
2. Elle est (par / derrière) la télévision?
3. Elle est (entre / dans) le lit et la table?
4. Elle est (en / sous) la chaise?
5. Elle est (sur / à côté de) la fenêtre?
6. Elle est (près du / entre le) sac à dos?
7. Elle est (devant / sur) la porte?
8. Elle est (dans / sous) la corbeille?

2 Complétez Complete these sentences with the appropriate prepositions.

MODÈLE
Nous sommes _chez_ nos cousins.

1. Nous sommes _____ la maison de notre tante.
2. Michel est _____ Béatrice.
3. _____ Jasmine et Laure, il y a le petit cousin, Adrien.
4. Béatrice est _____ Jasmine.
5. Jasmine est tout _____ Béatrice.
6. Michel est _____ Laure.
7. Un oiseau est _____ la maison.
8. Laure est _____ Adrien.

Michel, Laure, Adrien, Jasmine, Béatrice

UNITÉ 3 La famille et les copains

COMMUNICATION

3 Où est l'objet? In pairs, take turns asking where these items are in the classroom. Use prepositions of location.

MODÈLE la carte
Étudiant(e) 1: Où est la carte?
Étudiant(e) 2: Elle est devant la classe.

1. l'horloge
2. l'ordinateur
3. le tableau
4. la fenêtre
5. le bureau du professeur
6. ton livre de français
7. la corbeille
8. la porte

4 Qui est-ce? Choose someone in the room. The rest of the class will guess whom you chose by asking yes/no questions that use prepositions of location.

MODÈLE
Est-ce qu'il/elle est derrière Dominique?
Est-ce qu'il/elle est entre Jean-Pierre et Suzanne?

5 S'il vous plaît…? A tourist stops someone on the street to ask where certain places are located. In pairs, play these roles using the map to locate the places.

MODÈLE la Banque Nationale de Paris (BNP)
Étudiant(e) 1: La BNP, s'il vous plaît?
Étudiant(e) 2: Elle est en face de l'hôpital.

1. le cinéma Ambassadeur
2. le restaurant Chez Marlène
3. la librairie Antoine
4. le lycée Camus
5. l'hôtel Royal
6. le café de la Place

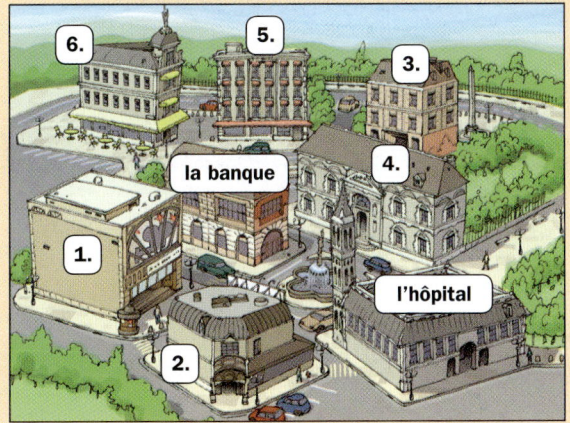

- The preposition **chez** has no exact English equivalent. It expresses the idea of *at* or *to someone's house* or *place*.

  Louise n'aime pas étudier **chez** Arnaud parce qu'il parle beaucoup.
  Louise doesn't like studying at Arnaud's because he talks a lot.

  Ce matin, elle n'étudie pas parce qu'elle est **chez** sa cousine.
  This morning she's not studying because she's at her cousin's.

- The preposition **chez** is also used to express the idea of *at* or *to a professional's office* or *business*.

  chez le docteur — *at the doctor's*
  chez la coiffeuse — *to the hairdresser's*

On travaille chez moi!

Stéphane est chez Rachid.

- Use disjunctive pronouns after prepositions instead of subject pronouns:

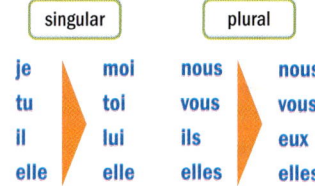

singular		plural	
je	moi	nous	nous
tu	toi	vous	vous
il	lui	ils	eux
elle	elle	elles	elles

Maryse travaille **à côté de moi**.
Maryse is working next to me.

J'aime mieux dîner **chez eux**.
I prefer to dine at their house.

Nous pensons **à lui**.
We're thinking about him.

Essayez! Provide the preposition indicated in parentheses.

1. La librairie est __derrière__ (behind) le resto U.
2. J'habite _____ (close to) leur lycée.
3. Le laboratoire est _____ (next to) ma résidence.
4. Tu retournes _____ (to the house of) tes parents ce week-end?
5. La fenêtre est _____ (across from) la porte.
6. Mon sac à dos est _____ (under) la chaise.
7. Ses crayons sont _____ (on) la table.
8. Votre ordinateur est _____ (in) la corbeille!
9. Il n'y a pas de secrets _____ (between) amis.
10. Le professeur est _____ (in front of) les étudiants.

quatre-vingt-dix-neuf 99

Leçon 6 — ESPACE **STRUCTURES**

Synthèse

1 Le basket These basketball rivals are competing for the title. In pairs, predict the missing playoff scores. Then, compare your predictions with those of another pair. Be prepared to share your predictions with the class.

1. Ohio State 76, Michigan _____
2. Florida _____, Florida State 84
3. Stanford _____, UCLA 79
4. Purdue 81, Indiana _____
5. Duke 100, Virginia _____
6. Kansas 95, Colorado _____
7. Texas _____, Oklahoma 88
8. Kentucky 98, Tennessee _____

2 La famille d'Édouard In pairs, take turns guessing how the members of Édouard's family are related to him and to each other by describing their locations in the photo. Compare your answers with those of another pair.

Édouard

MODÈLE

Son père est derrière sa mère.

3 À la fac In pairs, take turns describing the location of a building (**un bâtiment**) on your campus. Your partner must guess which building you are describing in three tries. Keep score to determine the winner after several rounds.

MODÈLE

Étudiant(e) 1: *C'est un bâtiment entre la bibliothèque et Sherman Hall.*
Étudiant(e) 2: *C'est le resto U?*
Étudiant(e) 1: *C'est ça!*

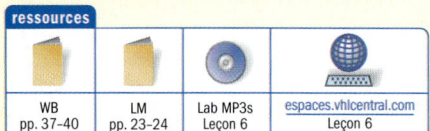

4 C'est quel numéro? What courses would you take if you were studying at a French university? Take turns deciding and having your partner give you the phone number for enrollment information.

MODÈLE

Étudiant(e) 1: *Je cherche un cours de philosophie.*
Étudiant(e) 2: *C'est le zéro quatre...*

Département	Numéro de téléphone
Architecture	04.76.65.74.92
Biologie	04.76.72.63.85
Chimie	04.76.84.79.64
Littérature anglaise	04.76.99.90.82
Mathématiques	04.76.86.66.93
Philosophie	04.76.75.99.80
Psychologie	04.76.61.88.91
Sciences politiques	04.76.68.96.81
Sociologie	04.76.70.83.97

5 À la librairie In pairs, role play a customer at a campus bookstore and a clerk who points out where supplies are located. Then, switch roles. Each turn, the customer picks four items from the list. Use the drawing to find the supplies.

MODÈLE

Étudiant(e) 1: *Je cherche des stylos.*
Étudiant(e) 2: *Ils sont à côté des cahiers.*

des cahiers	un dictionnaire
une calculatrice	un palm
une carte	du papier
des crayons	un sac à dos

6 Trouvez Your instructor will give you and your partner each a drawing of a family picnic. Ask each other questions to find out where all of the family members are located.

MODÈLE

Étudiant(e) 1: *Qui est à côté du père?*
Étudiant(e) 2: *Le neveu est à côté du père.*

UNITÉ 3 La famille et les copains

Interlude

Maman la plus belle du monde

TINO ROSSI (1907–1983) was born in Corsica and was a superstar in France. During his almost 60-year career he sold 300 million records. His biggest hit is **Petit Papa Noël** (1946). Most French children know this song, with recordings still sold every year at Christmas time.

Another of his hits was the song **Maman la plus belle du monde** (1958). It is about the love of a son for his mother. He tells her that she is the most beautiful mother in the whole world. You are going to hear a rendition of this song by Spanish singing star, Luis Mariano.

 Écoutez et discutez Listen to the song and answer the questions. How old do you think the singer is? And his mother? How old does she make him feel?

Mother and Child, Pierre-Auguste Renoir

1 Maman, Maman jolie
   Maman tu es la plus° belle du monde°
   Aucune autre° à la ronde° n'est plus jolie
   Tu as pour moi, avoue° que c'est étrange
5 Le visage d'un ange du paradis°

   Dans tous° mes voyages
   J'ai vu° des paysages°
   Mais rien ne vaut° l'image
   De tes beaux cheveux blancs°
10 Tu es, Maman, la plus belle du monde
   Et ma joie est profonde
   Lorsqu'à mon bras°
   Maman, tu mets° ton bras

   Maman tu es la plus belle du monde
15 Car tant d'amour° inonde° tes jolis yeux
   Pour toi, c'est vrai, je suis malgré° mon âge
   Le petit enfant sage° des jours heureux

   J'avais fait des rêves°
   Où l'on m'aimait sans trêve°
20 Mais les rêves s'achèvent°
   Et toi seule m'est restée°

   Maman tu es la plus belle du monde
   Et lorsque tout s'effondre autour de° moi
   Maman, toi tu es là!

<small>**plus** most **monde** world **Aucune autre** None other **à la ronde** around **avoue** admit **paradis** heaven **tous** all **J'ai vu** I've seen **paysages** landscapes **rien ne vaut** nothing equals **blancs** white **Lorsqu'à mon bras** When through my arm **mets** put **Car tant d'amour** For so much love **inonde** floods **malgré** despite **sage** well-behaved **J'avais fait des rêves** I had dreamed **m'aimait sans trêve** loved me unceasingly **s'achèvent** end **seule m'est restée** alone I have left **s'effondre autour de** collapses around</small>

SUR INTERNET

Go to **espaces.vhlcentral.com** to listen to the song featured in this **Interlude**.

SAVOIR-FAIRE

Panorama

Paris

La ville en chiffres

- **Superficie:** 105 km² (cent cinq kilomètres carrés°)
- **Population:** plus de° 9.828.000 (neuf millions huit cent vingt-huit mille)
  SOURCE: Population Division, UN Secretariat

Paris est la capitale de la France. On a l'impression que Paris est une grande ville—et c'est vrai si l'on compte° ses environs°. Néanmoins°, elle mesure moins de° 10 kilomètres de l'est à l'ouest°, ainsi° on peut° visiter la ville très facilement à pied°. Paris est divisée en 20 arrondissements°. Chaque° arrondissement a son propre maire° et son propre caractère.

- **Industries principales:** haute couture, finances, transports, technologie, tourisme
- **Musées:** plus de 150 (cent cinquante): le musée° du Louvre, le musée d'Orsay, le centre Georges Pompidou et le musée Rodin

Parisiens célèbres

- **Victor Hugo,** écrivain° et activiste (1802–1885)
- **Charles Baudelaire,** poète (1821–1867)
- **Auguste Rodin,** sculpteur (1840–1917)
- **Jean-Paul Sartre,** philosophe (1908–1986)
- **Simone de Beauvoir,** écrivain (1908–1986)
- **Édith Piaf,** chanteuse (1915–1963)
- **Emmanuelle Béart,** actrice (1965–)

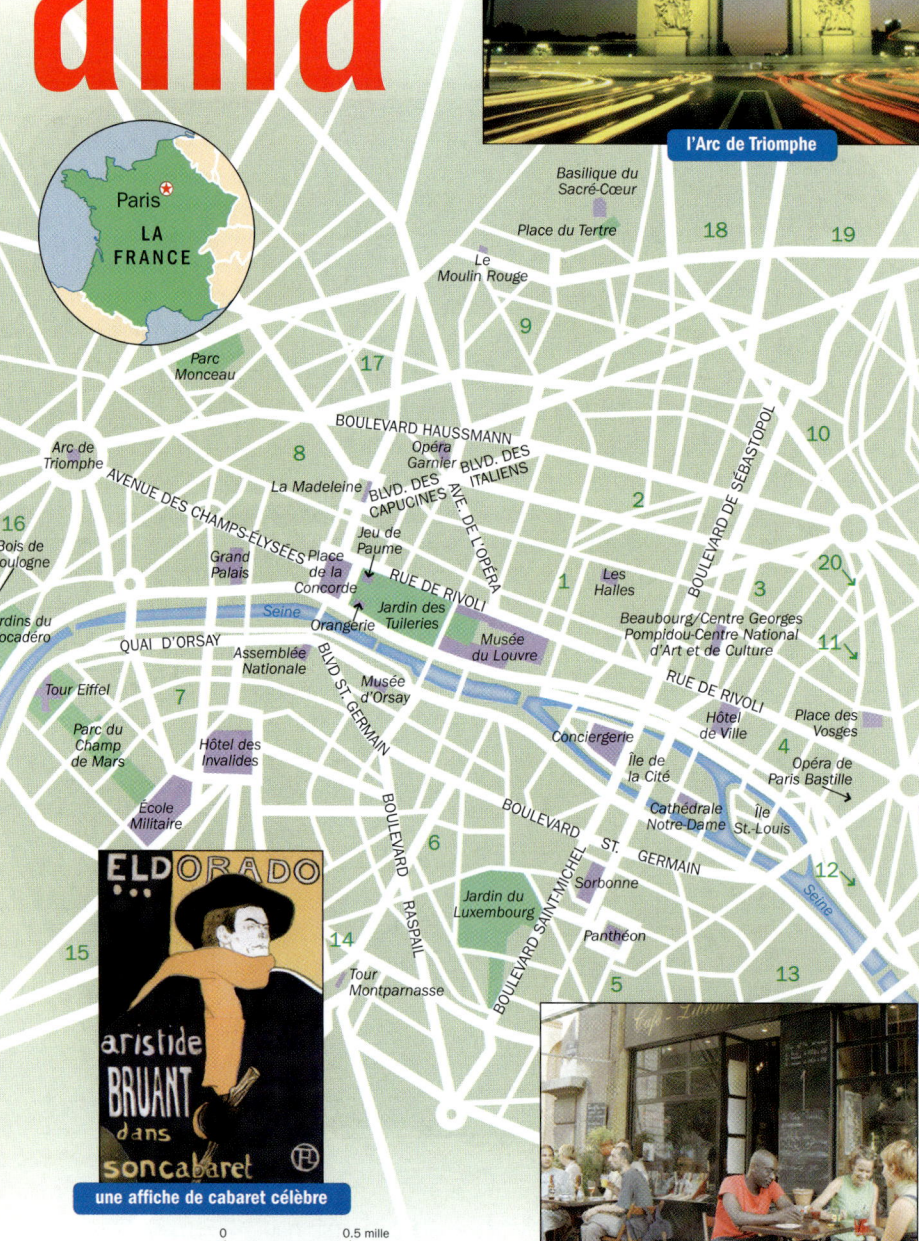

l'Arc de Triomphe

une affiche de cabaret célèbre

une terrasse de café

Incroyable mais vrai!

Sous les rues° de Paris, il y a une autre ville: les catacombes. Ici reposent° les squelettes d'environ 7.000.000 (sept millions) de personnes provenant° d'anciens cimetières de Paris et de ses environs. Plus de 100.000 (cent mille) touristes par an visitent cette ville de repos° éternel.

carrés *square* plus de *more than* si l'on compte *if one counts*
environs *surrounding areas* Néanmoins *Nevertheless* moins de *less than*
de l'est à l'ouest *from east to west* ainsi *in this way* peut *can*
à pied *on foot* arrondissements *districts* Chaque *Each*
son propre maire *its own mayor* musée *museum* écrivain *writer*
rues *streets* reposent *lie; rest* provenant *from* repos *rest*

UNITÉ 3 | La famille et les copains

Les monuments
La tour Eiffel

La tour Eiffel a été construite° en 1889 (mille huit cent quatre-vingt-neuf) pour l'Exposition universelle, à l'occasion du centenaire° de la Révolution française. Elle mesure 324 (trois cent vingt-quatre) mètres de haut et pèse° 10.100 (dix mille cent) tonnes. La tour attire plus de° 6.000.000 (six millions) de visiteurs par an°.

Les gens
Paris-Plage

Pour les Parisiens qui ne voyagent pas pendant l'été°, la ville de Paris a créé° Paris-Plage pour apporter la plage° aux Parisiens! Débuté en 2001 et installé sur les quais° de la Seine, Paris-Plage consiste en trois kilomètres de sable et d'herbe°, plein° d'activités comme la natation° et le volley. Ouvert en° juillet et août, plus de 3.000.000 (trois millions) de personnes visitent Paris-Plage chaque° année.

Les musées
Le musée du Louvre

Ancien° palais royal, le musée du Louvre est aujourd'hui un des plus grands musées du monde° avec sa vaste collection de peintures°, de sculptures et d'antiquités orientales, égyptiennes, grecques et romaines. L'œuvre° la plus célèbre de la collection est *La Joconde*° de Léonard de Vinci. La pyramide de verre°, créée par l'architecte américain I.M. Pei, marque l'entrée° principale du musée.

Les transports
Le métro

L'architecte Hector Guimard a commencé à réaliser° des entrées du métro de Paris en 1898 (mille huit cent quatre-vingt-dix-huit). Ces entrées sont construites dans le style Art Nouveau: en forme de plantes et de fleurs°. Le métro est aujourd'hui un système très efficace° qui permet aux passagers de traverser° Paris rapidement.

Qu'est-ce que vous avez appris? Complétez les phrases.

1. La ville de Paris est divisée en vingt _____.
2. Chaque arrondissement a ses propres _____ et _____.
3. Charles Baudelaire est le nom d'un _____ français.
4. Édith Piaf est une _____ française.
5. Plus de 100.000 personnes par an visitent _____ sous les rues de Paris.
6. La tour Eiffel mesure _____ mètres de haut.
7. En 2001, la ville de Paris a créé _____ sur la Seine.
8. Le musée du Louvre est un ancien _____.
9. _____ est une creation de I.M.Pei.
10. Certaines entrées du métro sont de style _____.

SUR INTERNET

Go to espaces.vhlcentral.com to find more cultural information related to this **PANORAMA**.

1. Quels sont les monuments les plus importants à Paris? Qu'est-ce qu'on peut faire (*can do*) dans la ville?
2. Trouvez des informations sur un des musées de Paris.
3. Recherchez la vie (*Research the life*) d'un(e) Parisien(ne) célèbre.
4. Cherchez un plan du métro de Paris et trouvez comment voyager du Louvre à la tour Eiffel.

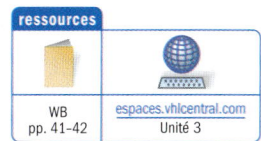

ressources
WB pp. 41–42
espaces.vhlcentral.com Unité 3

construite *built* **centenaire** *100-year anniversary* **pèse** *weighs* **attire plus de** *attracts more than* **par an** *per year* **pendant l'été** *during the summer* **a créé** *created* **apporter la plage** *to bring the beach* **quais** *banks* **de sable et d'herbe** *of sand and grass* **plein** *full* **natation** *swimming* **Ouvert en** *Open in* **chaque** *each* **Ancien** *Former* **monde** *world* **peintures** *paintings* **L'œuvre** *The work (of art)* **La Joconde** *The Mona Lisa* **verre** *glass* **entrée** *entrance* **a commencé à réaliser** *began to create* **fleurs** *flowers* **efficace** *efficient* **traverser** *to cross*

cent trois 103

SAVOIR-FAIRE

Lecture

Avant la lecture

STRATÉGIE

Predicting content from visuals

When you are reading in French, be sure to look for visual clues that will orient you as to the content and purpose of what you are reading. Photos and illustrations, for example, will often give you a good idea of the main points that the reading covers. You may also encounter very helpful visuals that are used to summarize large amounts of data in a way that is easy to comprehend; these visuals include bar graphs, pie charts, flow charts, lists of percentages, and other sorts of diagrams.

Le Top 10 des chiens de race°
% DE FOYERS° POSSESSEURS
les caniches° **9,3%**
les labradors **7,8%**
les yorkshires **5,6%**
les épagneuls bretons° **4,6%**
les bergers allemands° **4,1%**
les autres bergers **3,3%**
les bichons **2,7%**
les cockers/fox-terriers **2,2%**
les boxers **2%**
les colleys **1,6%**

Examinez le texte

Take a quick look at the visual elements of the article in order to generate a list of ideas about its content. Then compare your list with a classmate's. Are your lists the same or are they different? Discuss your lists and make any changes needed to produce a final list of ideas.

race *breed* **foyers** *households* **caniches** *poodles* **épagneuls bretons** *Brittany Spaniels* **bergers allemands** *German Shepherds*

Fido

Les Français adorent les animaux. Plus de la moitié° des foyers en France ont un chien, un chat ou un autre animal familier°. Les chiens sont particulièrement appréciés et intégrés dans la famille et la société françaises.

Qui possède un chien en France et pourquoi? Souvent° la présence d'un chien en famille suit l'arrivée° d'enfants, parce que les parents pensent qu'un chien contribue positivement à leur développement. Il est aussi commun de trouver deux chiens ou plus dans le même° foyer.

Les chiens sont d'excellents compagnons. Leurs maîtres° sont moins seuls° et déclarent avoir moins de stress. Certaines personnes possèdent un chien pour avoir plus d'exercice physique. Et il y a aussi des personnes qui possèdent un chien parce qu'elles en ont toujours

104 cent quatre

en famille

eu un° et n'imaginent pas une vie° sans° chien.

Les chiens ont parfois° les mêmes droits° que les autres membres de la famille, et parfois des droits spéciaux. Bien sûr, ils accompagnent leurs maîtres pour les courses en ville° et les promenades dans le parc, et ils entrent même dans certains magasins°. Ne trouvez-vous pas parfois un caniche ou un labrador, les deux races les plus° populaires en France, avec son maître dans un restaurant?

En France, il n'est pas difficile d'observer que les chiens ont une place privilégiée au sein de° la famille.

Pourquoi avoir un animal familier?

RAISON	CHIENS	CHATS	OISEAUX	POISSONS
Pour l'amour des animaux	61,4%	60,5%	61%	33%
Pour avoir de la compagnie	43,5%	38,2%	37%	10%
Pour s'occuper°	40,4%	37,7%	0%	0%
Parce que j'en ai toujours eu un°	31,8%	28,9%	0%	0%
Pour le bien-être° personnel	29,2%	26,2%	0%	0%
Pour les enfants	23,7%	21,3%	30%	48%

Plus de la moitié *More than half* animal familier *pet* Souvent *Often* suit l'arrivée *follows the arrival* même *same* maîtres *owners* moins seuls *less lonely* en ont toujours eu un *have always had one* vie *life* sans *without* parfois *sometimes* droits *rights* courses en ville *errands in town* magasins *stores* les plus *the most* au sein de *in the heart of* s'occuper *keep busy* Parce que j'en ai toujours eu un *Because I've always had one* bien-être *well-being*

Après la lecture

Vrai ou faux? Indicate whether these items are **vrai** or **faux**, based on the reading.

	Vrai	Faux
1. Les chiens accompagnent leurs maîtres pour les promenades dans le parc.	☐	☐
2. Parfois les chiens accompagnent leurs maîtres dans les restaurants.	☐	☐
3. Le chat n'est pas un animal apprécié en France.	☐	☐
4. Certaines personnes déclarent posséder un chien pour avoir plus d'exercice physique.	☐	☐
5. Certaines personnes déclarent posséder un chien pour avoir plus de stress.	☐	☐
6. En France les familles avec enfants n'ont pas de chien.	☐	☐

Fido en famille Choose the correct response according to the article.

1. Combien de foyers en France ont au moins *(at least)* un animal familier?
   a. 20%–25%
   b. 40%–45%
   c. 50%–55%

2. Pourquoi est-ce une bonne idée d'avoir un chien?
   a. pour plus de compagnie et plus de stress
   b. pour l'exercice physique et être seul
   c. pour la compagnie et le développement des enfants

3. Que pensent les familles françaises de leurs chiens?
   a. Les chiens sont plus importants que les enfants.
   b. Les chiens font partie *(are part)* de la famille et participent aux activités quotidiennes *(daily)*.
   c. Le rôle des chiens est limité aux promenades.

4. Quelles races de chien les Français préfèrent-ils?
   a. les caniches et les oiseaux
   b. les labradors et les bergers allemands
   c. les caniches et les labradors

5. Y a-t-il des familles avec plus d'un chien?
   a. Non
   b. Oui
   c. les caniches et les labradors

UNITÉ 3 — La famille et les copains

cent cinq 105

SAVOIR-FAIRE

À l'écoute

STRATÉGIE

Asking for repetition/ Replaying the recording

Sometimes it is difficult to understand what people say, especially in a noisy environment. During a conversation, you can ask someone to repeat by asking **Comment?** (*What?*) or **Pardon?** (*Pardon me?*). In class, you can ask your teacher to repeat by saying, **Répétez, s'il vous plaît** (*Repeat, please*). If you don't understand a recorded activity, you can simply replay it.

 To help you practice this strategy, you will listen to a short paragraph. Ask your professor to repeat it or replay the recording, and then summarize what you heard.

Préparation

Based on the photograph, where do you think Suzanne and Diane are? What do you think they are talking about?

À vous d'écouter

Now you are going to hear Suzanne and Diane's conversation. Use **R** to indicate adjectives that describe Suzanne's boyfriend, Robert. Use **E** for adjectives that describe Diane's boyfriend Édouard. Some adjectives will not be used.

____ brun   ____ optimiste
____ laid   ____ intelligent
____ grand   ____ blond
____ intéressant   ____ beau
____ gentil   ____ sympathique
____ amusant   ____ patient

Compréhension

Identifiez-les Whom do these statements describe?

1. Elle a un problème avec un garçon. _____
2. Il ne parle pas à Diane. _____
3. Elle a de la chance. _____
4. Ils parlent souvent. _____
5. Il est sympa. _____
6. Il est timide. _____

Vrai ou faux? Indicate whether each sentence is **vrai** or **faux**, then correct any false statements.

	Vrai	Faux
1. Édouard est un garçon très patient et optimiste.	☐	☐
2. Diane n'a pas de chance avec les garçons.	☐	☐
3. Suzanne et son petit ami parlent de leurs cours et de leurs familles.	☐	☐
4. Édouard parle souvent à Diane.	☐	☐
5. Robert est peut-être un peu timide.	☐	☐
6. Suzanne parle de beaucoup de choses avec Robert.	☐	☐

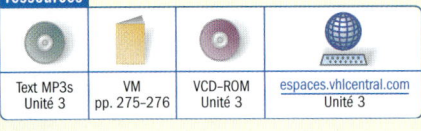

UNITÉ 3 | La famille et les copains

Écriture

STRATÉGIE

Using idea maps

How do you organize ideas for a first draft? Often, the organization of ideas represents the most challenging part of the writing process. Idea maps are useful for organizing pertinent information. Here is an example of an idea map you can use when writing.

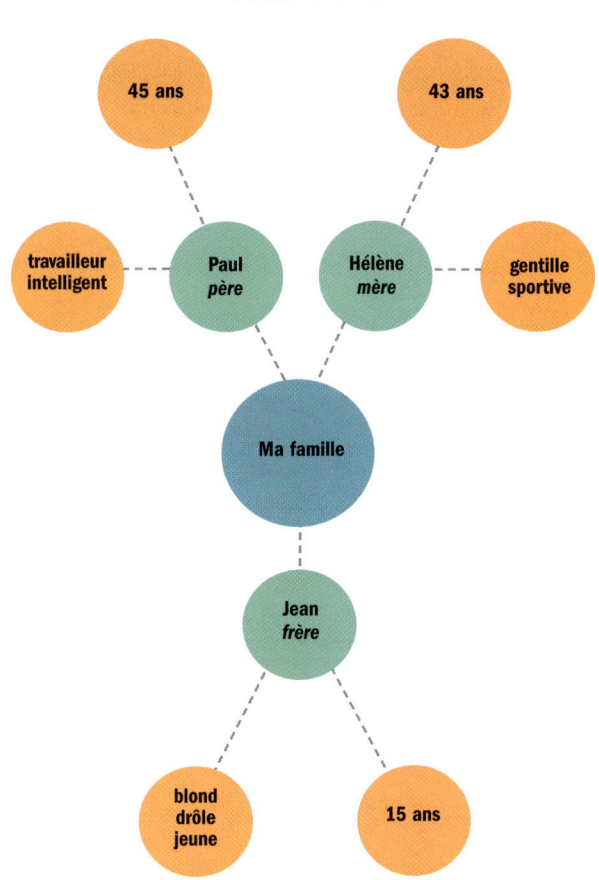

SCHÉMA D'IDÉES

Thème
Écrivez une lettre

A friend you met in a chat room for French speakers wants to know about your family. Using some of the verbs and adjectives you learned in this lesson, write a brief letter describing your family or an imaginary family, including:

- Names and relationships
- Physical characteristics
- Hobbies and interests

Here are some useful expressions for letter-writing in French:

Salutations	
Cher Fabien,	Dear Fabien,
Chère Joëlle,	Dear Joëlle,

Asking for a response	
Réponds-moi vite.	Write back soon.
Donne-moi de tes nouvelles.	Tell me all your news.

Closings	
Grosses bises!	Big kisses!
Je t'embrasse!	Kisses!
Bisous!	Kisses!
À bientôt!	See you soon!
Amitiés,	In friendship,
Cordialement,	Cordially,
À plus (tard),	Until later,

FLASH CULTURE

Watch the **FLASH CULTURE** segment on the **ESPACES** video for cultural footage related to this unit's theme.

cent sept **107**

VOCABULAIRE

UNITÉ 3

La famille

aîné(e)	elder
cadet(te)	younger
un beau-frère	brother-in-law
un beau-père	father-in-law; stepfather
une belle-mère	mother-in-law; stepmother
une belle-sœur	sister-in-law
un(e) cousin(e)	cousin
un demi-frère	half-brother; stepbrother
une demi-sœur	half-sister; stepsister
les enfants	children
un époux/ une épouse	spouse
une famille	family
une femme	wife; woman
une fille	daughter; girl
un fils	son
un frère	brother
une grand-mère	grandmother
un grand-père	grandfather
les grands-parents	grandparents
un mari	husband
une mère	mother
un neveu	nephew
une nièce	niece
un oncle	uncle
les parents	parents
un père	father
un petit-fils	grandson
une petite-fille	granddaughter
les petits-enfants	grandchildren
une sœur	sister
une tante	aunt
un chat	cat
un chien	dog
un oiseau	bird
un poisson	fish

Adjectifs descriptifs

antipathique	unpleasant
bleu(e)	blue
blond(e)	blond
brun(e)	dark (hair)
court(e)	short
drôle	funny
faible	weak
fatigué(e)	tired
fort(e)	strong
frisé(e)	curly
génial(e)	great
grand(e)	big, tall
jeune	young
joli(e)	pretty
laid(e)	ugly
lent(e)	slow
mauvais(e)	bad
méchant(e)	mean
modeste	modest, humble
noir(e)	black
pauvre	poor
pénible	tiresome
petit(e)	small, short (stature)
prêt(e)	ready
raide	straight
rapide	fast
triste	sad
vert(e)	green
vrai(e)	true, real

Vocabulaire supplémentaire

célibataire	single
divorcé(e)	divorced
fiancé(e)	engaged
marié(e)	married
séparé(e)	separated
veuf/veuve	widowed
un(e) voisin(e)	neighbor

Expressions utiles	See pp. 79 and 93.
Possessive adjectives	See p. 84.
Numbers 61–100	See p. 96.
Prepositions of location	See p. 98.

Professions et occupations

un(e) architecte	architect
un(e) artiste	artist
un(e) athlète	athlete
un(e) avocat(e)	lawyer
un coiffeur/ une coiffeuse	hairdresser
un(e) dentiste	dentist
un homme/une femme d'affaires	businessman/ woman
un ingénieur	engineer
un(e) journaliste	journalist
un médecin	doctor
un(e) musicien(ne)	musician
un(e) propriétaire	owner; landlord/lady

Adjectifs irréguliers

actif/active	active
beau (belle)	beautiful, handsome
bon(ne)	kind, good
châtain	brown (hair)
courageux/ courageuse	courageous, brave
cruel(le)	cruel
curieux/curieuse	curious
discret/discrète	discreet, unassuming
doux/douce	sweet, soft
ennuyeux/ennuyeuse	boring
étranger/étrangère	foreign
favori(te)	favorite
féminin(e)	feminine
fier/fière	proud
fou/folle	crazy
généreux/généreuse	generous
gentil(le)	nice
gros(se)	fat
inquiet/inquiète	worried
intellectuel(le)	intellectual
jaloux/jalouse	jealous
long(ue)	long
(mal)heureux/ (mal)heureuse	(un)happy
marron	brown
naïf/naïve	naïve
nerveux/nerveuse	nervous
nouveau/nouvelle	new
paresseux/paresseuse	lazy
roux/rousse	red-haired
sérieux/sérieuse	serious
sportif/sportive	athletic
travailleur/ travailleuse	hard-working
vieux/vieille	old